AF206621

Monika Höller, Petra Wagner

Vom Burnout zum Burnon

Natürliche Wege aus der Krise zur Kraft
Die wirksamsten Methoden im Überblick

© 2017 Monika Höller, Petra Wagner

Foto: fotolia.com

Verlag: tredition GmbH, Hamburg

ISBN
Paperback   978-3-7439-0754-6
Hardcover   978-3-7439-0755-3
e-Book   978-3-7439-0756-0

Printed in Germany

Inhaltsverzeichnis

Einleitung:

D er Begriff „Burnout" wird mit einem Gefühl des „Ausgebranntseins" und der „totalen Erschöpfung" verbunden. Die Sozialpsychologin Christina Maslach hat sich in ihren Studien damit auseinandergesetzt und das Burnout-Syndrom als Reaktion auf chronischen Stress im Beruf beschrieben. Lt. Maslach gibt es dafür drei Dimensionen:

- Erschöpfung durch fehlende persönliche und physische Ressourcen
- Zynismus und Distanziertheit von der beruflichen Aufgabe
- Das Gefühl der Wirkungslosigkeit und verminderten Leistungsfähigkeit

(Quelle: Christina Maslach und Susan E. Jackson: The measurement of experienced burnout, in Journal of occupational behavior, Nr. 2, 1981, S. 99-113)

Die Anzeichen eines Burnouts werden von den betroffenen Personen oft so beschrieben: Gefühle von emotionaler Erschöpfung, Machtlosigkeit und Ohnmacht, das Empfinden, trotz Anstrengung nicht viel bewirken zu können, Antriebsschwäche, übermäßige Müdigkeit, mangelnde Konzentrationsfähigkeit, Energiearmut und Schlafstörungen.

In weiterer Folge grenzt man sich ab und stellt eine Distanz zwischen sich und den Kunden, Kollegen, Mitarbeitern her. Man lässt die Probleme nicht mehr an sich herankommen und erledigt die Arbeit nur mehr rein sachlich, man agiert wie eine Maschine, dadurch resultiert ein Gefühl des Misserfolges und der geringen Leistungsfähigkeit. Meistens ist der Entstehungsprozess eines Burnouts schleichend und wird erst viel zu spät bemerkt.

Bei beginnenden Erschöpfungszuständen wäre es sinnvoll, sich folgende Fragen zu stellen:
- Vernachlässige ich mich selbst oder mein Privatleben?
- Mache ich mich im Unternehmen unentbehrlich und überschreite ich dabei meine Grenzen?
- Erfordert mein Job übermäßig viel emotionalen Einsatz?
- Wie sieht es mit Freunden und der Gesellschaft anderer aus?
- Wie sieht es mit meinen Hobbies aus?
- Wie steht es mit meiner Erreichbarkeit am Handy?
- Esse ich regelmäßig und achte ich gut auf meine Ernährung?
- Schlafe ich ausreichend?

Durch die ehrliche Beantwortung dieser Fragen erkennt man womöglich einen gewissen Veränderungsbedarf in den verschiedenen Lebensbereichen. Danach ist es notwendig, Gegenmaßnahmen zu finden und den Willen aufzubringen, andere Wege zu beschreiten, um die Erschöpfung nicht überhand nehmen zu lassen.

Vorerst ist es vorrangig, einen eventuellen Perfektionismus abzulegen, denn niemand ist perfekt. Jedem von uns können und dürfen Fehler passieren. Wir können nicht immer allen alles recht machen. Ob im Beruf oder in unseren persönlichen Beziehungen, nein sagen lernen und damit Grenzen zu ziehen, ist eine wichtige Maßnahme für unseren Selbstschutz. In sich hinein zu hören und die eigenen Bedürfnisse zu spüren, schützt uns vor dem Gefühl, dass andere über die eigene Zeit und Energie verfügen.

Burnout kann längst nicht mehr als Managerkrankheit bezeichnet werden. Laut einer Untersuchung zu diesem Thema sind folgende Berufsgruppen besonders gefährdet: Menschen in medizinischen und sozialen Berufen, wie Ärzte, Krankenschwestern und Altenpfleger, Lehrer und Pädagogen sowie Manager, Führungskräfte und Polizisten. Frauen wegen der Doppelbelastung in Familie und Beruf und Schichtarbeiter durch die unregelmäßigen Arbeitszeiten, die den Schlaf-Rhythmus stören, sind auch häufig betroffen. Natürlich ist diese Aufzählung nicht vollständig und spiegelt nur Untersuchungen in diesen Bereichen wider.

Burnout ist in den Unternehmen nach wie vor ein Tabuthema. Die Mitarbeiter haben Angst, als nicht belastbar eingestuft zu werden. Jeder will für seine Arbeit wertgeschätzt werden und das ist bereits ein wichtiger Schritt zur Prävention im Bewusstsein der Unternehmenskulturen.

Es gibt Statistiken, die behaupten, dass bereits jeder 5. Arbeitnehmer an gesundheitlichen Störungen - ausgelöst durch Stress - leidet. Obwohl viele Betroffene aus Angst, den Arbeitsplatz zu verlieren, durchhalten, steigen die Krankenstände aufgrund von Burnout und Erschöpfung ständig an.

Das Burnout-Syndrom ist im Gegensatz zu einer Depression nicht als Krankheit definiert und die Diagnose offiziell noch nicht anerkannt. Deshalb ist eine Einweisung in ein Krankenhaus nur mit einer zusätzlichen Diagnose möglich.

Eine Abgrenzung zwischen Burnout und Depression ist in der Praxis schwer durchführbar, da viele Burnout-Kranke auch depressiv sind. Meistens werden sie auch mit Antidepressiva behandelt.

Andere Maßnahmen zur Vorbeugung und Behandlung von Burnout gibt es aber auch. Unser Anliegen ist es, eine Zusammenfassung dieser Möglichkeiten in einer „burnout-gerechten" Kurzform aufzuzeigen, um die eigenen Ressourcen wieder aktivieren zu können. Für jeden Menschen ist etwas anderes geeignet, um sich gut und ausgeglichen zu fühlen. Es gibt viele Wege, die sich individuell - je nach Typ, Neigungen und Temperament - umsetzen lassen. Außerdem kommt es darauf an, geeignete Verhaltens-, Denk- und Lebensweisen zu finden, die uns resistenter gegen Stress machen.

Das Buch ist nicht nur für Betroffene geschrieben, sondern auch für all jene, die sich gestresst fühlen und den Anforderungen des Alltags nicht mehr gewachsen sind und deswegen nach Selbsthilfe- und Entspannungsmethoden suchen, um neue Kraft zu tanken.

Unser Buch ist unterteilt in vier Kapitel, wobei das 3. Kapitel über Entspannungsmethoden und Körperarbeit auch praktische Übungen, Erfahrungen und Interviews beinhaltet. Diese Übungen im Praxisteil sind generell in der „Du-Anrede" formuliert, da nach unserer Erfahrung auch in Kursen und Seminaren bei Anleitungen die „Du-Form" bevorzugt verwendet wird.

Vorerst möchten wir uns mit den theoretischen Ansätzen, der Ernährung und alternativen Heilmethoden beschäftigen, um uns dann mit den möglichst einfach gehaltenen Praxisbeispielen und mit der Prävention auseinanderzusetzen.

1. Kapitel: Stress und seine negativen Auswirkungen im Körper

M an unterscheidet zwischen Eustress (positiver Stress) und Disstress (negativer Stress). Unser Körper kann Stress bewältigen, wenn wir anschließend für die nötige Entspannung sorgen. Er ist in der Lage, sich über einen bestimmten Zeitraum an den erhöhten Leistungsdruck anzupassen. Hält der Stress an und kann man ihn nicht genug abbauen, reagiert der Körper mit Anfälligkeit für Krankheiten und psychische Störungen.

Andauernder Stress kann u.a. folgende Krankheiten auslösen:

- Angstzustände
- Schlafstörungen
- Depressionen
- Kopfschmerzen, Migräne
- Bluthochdruck
- Herz-/Kreislaufbeschwerden
- Diabetes
- Schwächung des Immunsystems
- Übersäuerung
- Entzündungen
- Magengeschwüre
- Darmerkrankungen

- Hauterkrankungen, wie Psoriasis

Der Hypothalamus - die übergeordnete Schaltstelle im Gehirn - ist verantwortlich für die Ausschüttung von Stresshormonen. Dies geschieht über zwei Wege. Einerseits über das Nervensystem, indem er über den Sympathikus das Nebennierenmark anregt, Adrenalin und Noradrenalin zu produzieren. Andererseits über den endokrinen Weg, hier bildet der Hypothalamus das CRH-Hormon (Corticotropin-releasing-Hormon), das auf den Vorderlappen der Hypophyse (Hirnanhangsdrüse) wirkt. Diese schüttet dadurch das Hormon ACTH (Adreno-Corticotropes-Hormon) aus, was wiederum die Nebennierenrinde stimuliert, Cortisol zu bilden.

Durch die Ausschüttung dieser Hormone wird im Körper mehr Energie produziert, um auf die Notsituation reagieren zu können. In der Urzeit war es Kampf oder Flucht vor wilden Tieren, heutzutage sind es meistens die Belastungen im Berufsalltag. Mit einem kurzen Stress kann der Körper gut umgehen, da sich danach die Körperfunktionen wieder normalisieren. Nur chronischer Stress macht krank. Unser Organismus ist nicht in der Lage, die überschüssigen Hormone zu neutralisieren, sie müssen durch körperliche Anstrengung wieder abgebaut werden.

Die Reaktion des Körpers auf Stress wird in drei Phasen eingeteilt. In der Alarmphase erfolgt die

Aktivierung des Sympathikus, wo dem Körper vermehrt Energie bereitgestellt wird, um die Herausforderungen zu meistern. Der Puls erhöht sich, die Blutgefäße verengen sich, der Blutdruck und der Blutzuckerspiegel steigen an und die Atmung wird beschleunigt. Während der Widerstandsphase kommt es zur Gegensteuerung durch die Aktivierung des Parasympathikus. In der anschließenden Erschöpfungsphase fehlt dem Körper die Energie und dies führt dann zur Schwächung der verschiedenen Körpersysteme.

Nur wenn die Nebenniere die Stresshormone gut produzieren kann, sind wir gegen Stress resistent. Wenn diese aber durch ständige Überforderung erschöpft ist und es zu einer Nebennierenschwäche kommt, überträgt sich das auch auf die Schilddrüse, da diese Organe über das Hormonsystem verbunden sind und sich gegenseitig beeinflussen. Deshalb ist es wichtig, dass auch die Schilddrüsenwerte kontrolliert werden und im optimalen Bereich liegen.

Die Neurotransmitter sind zuständig für die Signalübertragung zwischen den Nervenzellen. Diese Botenstoffe sind von entscheidender Bedeutung für die psychische Verfassung des Menschen. Unsere Stimmung, unsere Leistungsfähigkeit, die Stressbewältigung, die Konzentrationsfähigkeit und die Gedächtnisleistung sind u.a. davon abhängig. Man unterscheidet zwischen aktivierenden und beruhigenden Neurotransmittern. Zu den bekanntesten zählen:

- Serotonin: „Glückshormon", Stimmung, Wohlbefinden, Entspannung
- Dopamin (Vorstufe von Noradrenalin): Bewegung, Motorik, Motivation
- Adrenalin: Stresshormon, Energiebereitstellung, Aktivität
- Noradrenalin: Aufmerksamkeit, Wachheit, Motivation, geistige Leistungsbereitschaft
- Cortisol: Stresshormon, Energiebereitstellung, Aktivität
- Acetylcholin (Gegenspieler von Adrenalin): Entspannung, Schlaf, Gedächtnisleistung
- GABA (Gamma-Amino-Buttersäure): beruhigende und schlaffördernde Wirkung

Melatonin ist ein Hormon, das in der Zirbeldrüse gebildet wird. Es ist für den Tag-Nacht-Rhythmus verantwortlich und sorgt für guten Schlaf.

Da Cortisol stark entzündungshemmend wirkt, kann es bei einem Mangel während einer chronischen Erschöpfung nicht nur zu Burnout, sondern auch zu Entzündungsreaktionen kommen.

Wenn man bereits unter Burnout-Symptomen leidet, sollte man einen erfahrenen Arzt aufsuchen, um die richtige Diagnose zu bekommen. Eine Depression oder das chronische Müdigkeitssyndrom (CFS) sind ähnliche Krankheiten, deshalb wäre hier eine Abgrenzung wichtig. Die Messung der Herz-ratenvariabilität (HRV – Regulationsfähigkeit des Herzens) und verschiedene Laborwerte geben Aufschluss über die Stressbelastung des Körpers.

Die aussagekräftigsten Laborwerte wären:

- Cortisol
- Nebennierenhormon DHEA – Gegenspieler von Cortisol
- Neurotransmitter
- Hormone
- Schilddrüsenwerte
- Mikronährstoffe, wie Vitamin B-Komplex, Magnesium, Vitamin C, Zink, Vitamin D3, Coenzym Q10, Glutathion

2. Kapitel: Ernährung, alternative Heilmethoden und Selbsthilfemaßnahmen

ERNÄHRUNG

In stressigen Zeiten greifen wir gerne zu einer Tasse Kaffee als Muntermacher oder zu Süßigkeiten als Nervennahrung. Doch leider fühlen wir uns nur kurzfristig konzentrierter, da Koffein nach seiner aufputschenden Wirkung die Produktion von Cortisol anregt. Cortisol ist ein Stresshormon, welches den Blutdruck und den Puls erhöht. Dadurch werden wir noch angespannter und nervöser als zuvor. Beim Naschen von Süßigkeiten werden durch den hohen Zuckergehalt sehr viele B-Vitamine im Körper verbraucht, was wiederum zu einem Energiemangel führt.

Es gibt jedoch einige Lebensmittel, die die Produktion von Stresshormonen beeinflussen können. Dazu zählen Nüsse, Vollwertgetreide, Haferflocken, Getreidekeime, Soja, Eier, Kartoffeln und Hülsenfrüchte. Wenn wir diese Nahrungsmittel in unseren Speiseplan integrieren, nehmen wir vermehrt B-Vitamine, Magnesium und Lecithin auf. Diese Nährstoffe dienen der Ausbildung von Nervenbotenstoffen (Neurotransmitter) im Gehirn. Durch einen Mangel an nur einem dieser Nährstoffe kann unser Körper die Neurotransmitter nicht mehr ausreichend produzieren. Wir können daher mit belastenden Situationen nicht mehr so gut umgehen.

Generell kann man sagen, dass unsere Ernährungsweise nicht nur unseren Körper beeinflusst, sondern auch unser Gehirn und unser Nervensystem. Zur Steigerung der Konzentrations- und Leistungsfähigkeit sowie zur Verbesserung der Gehirn- und Nervenfunktionen sollten dem Organismus nicht nur die o. a. Nährstoffe zugeführt werden, sondern auch die richtigen Kohlenhydrate, Proteine und Fette:

Kohlenhydrate: Komplexe Kohlenhydrate lassen den Blutzuckerspiegel nicht so rasch und nicht so stark ansteigen und dadurch sind wir körperlich und geistig leistungsfähiger. Raffinierte und schnell verfügbare Kohlenhydrate versorgen den Körper sehr rasch mit Energie, diese hält aber nicht lange an und anschließend nehmen die Leistung und die Konzentration wieder ab. Ein konstanter Blutzuckerspiegel ist wichtig für die Nebennieren. Wertvolle Kohlenhydrate als Abendmahlzeit fördern die Regeneration der Körper- und Gehirnzellen während der Nacht.

Proteine: Eiweiß besteht aus Aminosäuren, die für den Zell- und Gehirnstoffwechsel wichtig sind. Aus ihnen werden die Nervenbotenstoffe gebildet. Die Aminosäure Tryptophan ist die Vorstufe von Serotonin (Glückshormon/Stimmung) und Melatonin (Entspannung/Schlaf). Die Aminosäuren Tyrosin und Phenylalanin werden für die Herstellung von Adrenalin, Noradrenalin und Dopamin benötigt. Diese drei Neurotransmitter werden als Katecholamine bezeichnet und sind u.a. für Aktivität, Energieversorgung und Aufmerksamkeit zuständig.

Fette: Ungesättigte Fettsäuren erfüllen ganz wichtige Funktionen für Körper und Gehirn. Dazu zählen vor allem die Omega-3-Fettsäuren und die Omega-6-Fettsäuren. Die Zufuhr von gesättigten Fettsäuren (tierischen Fetten) sollte eingeschränkt werden. Ganz besonders negative Auswirkungen auf den Körper haben die sog. Transfettsäuren. Sie entstehen bei der Erhitzung oder Härtung von Ölen, da sie dabei ihre chemische Struktur verändern.

Neben diesen Makronährstoffen ist auch auf eine ausreichende Flüssigkeits- und Sauerstoffzufuhr zu achten. Die Mikronährstoffe werden in einem eigenen Abschnitt erklärt.

Hier folgen noch einige Tipps zur schrittweisen Ernährungsumstellung:
- Statt Auszugsmehl
  Vollkornmehl
- Statt Weißbrot, Semmeln
  Vollkornbrot

- Statt Weizen
  Amaranth, Quinoa, Dinkel, Hafer
- Statt Nudeln mit Ei
  Vollkornnudeln ohne Ei
- Statt Reis
  Naturreis, Dinkelreis
- Statt Zucker
  Stevia, Honig, Vollrohrzucker
- Statt Limonaden
  verdünnte Fruchtsäfte, Wasser
- Statt Früchtetee (aromatisiert)
  Kräutertee
- Statt Kaffee
  Getreidekaffee
- Statt Kochsalz
  Kristallsalz
- Statt raffinierter Öle
  kaltgepresste Pflanzenöle
- Statt Kuhmilch
  Pflanzenmilch, Schaf-/Ziegenmilch
- Statt Margarine
  Butter
- Statt Schmelzkäse
  Naturkäse, Frischkäse
- Statt Süßigkeiten
  Trockenfrüchte
- Statt Milchschokolade
  Bitterschokolade

- Statt Salzgebäck, Chips, Popcorn
  Sonnenblumenkerne, Kürbiskerne
- Statt Wurst, Würstel (Zusatzstoffe)
  Fleisch (aus artgerechter Haltung)
- Statt Fleisch aus Massentierhaltung
  Wildfleisch
- Statt Fertigsaucen
  selbst gemachte Saucen oder Dips
- Statt Konservenobst
  frisches Obst (Bioqualität)
- Statt Konservengemüse
  frisches Gemüse (Bioqualität)

Es ist sinnvoll, sich ein paar Bereiche auszusuchen, wo der Verzicht leichter fällt. Diese Lebensmittel sollten dann durch die Alternativen ersetzt werden. Wenn man sich daran gewöhnt hat, kann man weitere Nahrungsmittel weglassen. Durch die kleinen Schritte gelingt die Umstellung viel besser, als wenn man sich vornimmt, von heute auf morgen gesünder zu leben und die Ernährungsgewohnheiten zu ändern.

Alkohol und Cola sollten nicht getrunken werden, da beide den Stress noch zusätzlich erhöhen. Außerdem ist Alkohol ein Magnesiumräuber. Ein nervenstärkendes Getränk wäre ein Glas Wasser mit Zitronensaft und Honig. Ebenso hat sich warme Milch mit Honig – am Abend getrunken – bei Einschlafstörungen bewährt.

Amaranth und Quinoa enthalten sehr viel Tryptophan, mit Hilfe dieser Aminosäure wird Serotonin gebildet.

Kurkuma ist ein Gewürz mit sehr wertvollen Inhaltsstoffen, deren Wirksamkeit in zahlreichen Studien belegt wurde. Auch beim chronischen Erschöpfungssyndrom und bei Schlafstörungen gibt es positive Berichte zu Kurkuma. Die Wirkung wird verstärkt, wenn man schwarzen Pfeffer dazu nimmt. Der Einsatz von Kurkuma als Küchengewürz, wie es in Indien und anderen asiatischen Ländern üblich ist, bringt viele gesundheitliche Vorteile.

Da nicht nur bestimmte Nahrungsmittel, sondern auch andauernder Stress den Körper übersäuern, ist auf einen ausgewogenen Säuren-Basen-Haushalt besonders zu achten.

Durch übermäßigen Fleischkonsum von Tieren aus Massentierhaltung übertragen sich der Stress und die Angst, die sie beim Transport und bei der Schlachtung erleiden, auf den Menschen. Dies sollten wir alle bedenken, besonders aber jene, die bereits gestresst, erschöpft, ängstlich und depressiv sind.

Bei der Zubereitung der Speisen ist es zu empfehlen, auf eine Mikrowelle zu verzichten, da diese die Antioxidantien vernichtet, die die freien Radikale bekämpfen. Eine Ernährung mit wenig Antioxidantien kann langfristig die Gesundheit schwächen und Zivilisationskrankheiten begünstigen. Außerdem wird der Nährwert der Lebensmittel beim Erhitzen zerstört – mehr als bei anderen Kochmethoden. Die Qualität der täglichen Mahlzeiten hat einen Einfluss auf unseren Gesundheitszustand und auch auf unser Nervensystem und deshalb hat eine Mikrowelle in der Küche eines gesundheitsbewussten Menschen keinen Platz.

Diese Rezeptbeispiele sollen aufzeigen, wie man durch die Auswahl geeigneter Lebensmittel die körperliche und geistige Leistungsfähigkeit positiv beeinflussen kann und dabei zu einer gesünderen Ernährungsweise findet.

Typisches Frühstück: Kaffee mit Milch und Zucker, Semmel mit Butter und Marmelade

Gesunde Alternative: Kräutertee (evtl. mit Honig), selbst zubereitetes Müsli mit Haferflocken, Amaranth, Nüssen und Früchten (Bananen enthalten Tryptophan)

Typisches Mittagessen: Pizza, Spaghetti Bolognese, Schnitzel, Schweinebraten

Gesunde Alternative: Linsen- oder Bohneneintopf mit Kartoffeln oder Vollkornnudeln mit Pilz-Sauce (Shiitake) oder Salate mit Getreidekeimlingen

Typisches Abendessen: Wurstbrote oder Würstel, Schinken-Käse-Toast

Gesunde Alternative: Gemüsecrèmesuppen oder selbst gemachte Brotaufstriche mit Topfen oder Frischkäse, garniert mit Ei (Lecithin) oder Gerichte mit Naturreis und Gemüse (abends nur leicht verdauliche Speisen zu sich nehmen, keine Rohkost)

ORTHOMOLEKULARMEDIZIN (MIKRO-NÄHRSTOFFE)

Der Begriff „Orthomolekulare Medizin" wurde von Professor Dr. Linus Pauling, zweifacher Gewinner des Nobelpreises, geprägt. Es handelt sich dabei um ein Behandlungsverfahren zur Vorbeugung und Behandlung von ernährungsbedingten Krankheiten, bei dem der Körper mit den fehlenden Nährstoffen versorgt wird, die normalerweise im Körper vorhanden sind. Bei einem Mangel oder Ungleichgewicht im Nährstoffhaushalt kann der Stoffwechsel nicht mehr optimal laufen. Bei einem Großteil der chronischen Krankheiten in den westlichen Industrieländern liegt die Ursache in einer einseitigen, unausgewogenen Ernährungsweise.

Vitamine, Mineralstoffe, Spurenelemente, Aminosäuren und Fettsäuren gehören zu den essenziellen Nährstoffen, die dem Körper über die Nahrung zugeführt werden müssen, weil er sie nicht selber herstellen kann. Da nur kleine Mengen notwendig sind, werden sie auch Mikronährstoffe genannt.

Vom Zusammenhang zwischen Wadenkrämpfen und einem Magnesium-Mangel hat fast jeder schon mal gehört. Vitamin C ist für seine Wirkung auf das Immunsystem bekannt. So gibt es aber auch zu allen anderen ernährungsabhängigen Krankheiten spezielle Mikronährstoffe, die die Symptome lindern oder beseitigen können. Seit 2002 arbeite ich als diplomierte Gesundheits- und Ernährungsberaterin hauptsächlich mit Mikronährstoffen und ich habe in dieser Zeit erstaunliche Wirkungen erleben dürfen.

Eine gesunde, abwechslungsreiche Ernährung sollte aber immer die Basis sein und kann durch eine Einnahme von Nahrungsergänzungsmitteln nicht ersetzt werden. Bei schweren Nährstoff-Defiziten reicht aber die tägliche Ernährung nicht mehr aus, um den Tagesbedarf zu decken und gleichzeitig die leeren Nährstoff-Speicher aufzufüllen. In solchen Fällen ist es sinnvoll, ein Nahrungsergänzungsmittel einzunehmen. Man sollte aber bedenken, dass es Wochen bis Monate dauern kann, bis die Defizite ausgeglichen sind und man eine Wirkung spürt. Nährstoffe wirken eher langsam und ursächlich im Gegensatz zu Medikamenten, die meistens sofort wirken und nur die Symptome bekämpfen. Außerdem kommt es bei einer Medikamenten-Einnahme zu starken Nährstoffverlusten, auch hier wäre eine Supplementierung notwendig. Diese Tatsache ist den meisten Patienten nicht bekannt und es wird auch zu wenig darauf hingewiesen.

In den Medien hat man in letzter Zeit öfters Beiträge gesehen, gehört oder gelesen, wo über die schädliche Wirkung von Vitaminen, Mineralstoffen und Spurenelementen berichtet wurde. Dies bezieht sich auf synthetische, isolierte Vitamine, gilt aber

nicht für Nährstoffe, die auf natürlichem Weg hergestellt werden. Bei den Nährstoff-Produkten gibt
es große Qualitätsunterschiede. So sind im Handel
sowohl synthetische B-Vitamine erhältlich als auch
B-Vitamine, die aus Quinoa-Keimlingen gewonnen
werden. In einer Studie wurde zum Beispiel nachgewiesen, dass isoliertes Beta-Carotin bei Rauchern
das Krebsrisiko erhöhen kann. Solche Meldungen
verunsichern die Menschen, da sie dann glauben,
Vitamine wären generell schädlich. Eine negative
Wirkung auf den Körper können aber nur künstli-
che, isolierte Nährstoffe haben, da sie eigentlich in
natürlichen Lebensmitteln nur im Verbund mit vielen anderen Inhaltsstoffen (sekundären Pflanzen-
stoffen) vorkommen.

Bei der Auswahl des richtigen Nahrungsergän-
zungsmittels ist nicht nur auf die Qualität zu achten, sondern auch darauf, keine Produkte mit hoch-
dosierten Einzelsubstanzen zu kaufen. Diese können im Körper zu einem Ungleichgewicht im Näh-
stoffhaushalt führen, da sich die Nährstoffe gegenseitig beeinflussen. Bei der Dosierung sollte man
sich an die jeweiligen Angaben auf der Packungs-
beilage halten.

Hier folgen die wichtigsten Nährstoffe bei Erschöpfung, Antriebslosigkeit und Burnout im Überblick:
- Vitamin B-Komplex: Dieser besteht aus Vitamin B1, B2, B3 (Niacin), B5 (Pantothen-

säure), B6, Biotin, Folsäure und B12. B-Vitamine sind an vielen Stoffwechselvorgängen beteiligt, aber besonders wichtig für das Nervensystem. Außerdem braucht sie der Körper, um aus den genannten Aminosäuren die Neurotransmitter zu bilden. Durch Dauerstress werden sehr viele B-Vitamine verbraucht. Produkte mit einzelnen B-Vitaminen sind nicht so empfehlenswert, da es zu Verschiebungen kommen kann (z. B. zwischen Folsäure und Vitamin B12).

- Magnesium: Dieser Mineralstoff dient der Entspannung und Beruhigung der Nerven und ist hilfreich bei Schlafstörungen. Auch Magnesium wird für die Bildung der Neurotransmitter aus Aminosäuren benötigt. Es kann die Stimmungslage und die Konzentration verbessern, hat aber noch viele andere wichtige Funktionen im Körper.

- Lecithin: Mit Lecithin kann man die Funktionen der Gehirn- und Nervenzellen verbessern. Außerdem enthält es Cholin, mit dem der Körper Acetylcholin bilden kann. Acetylcholin ist ein Gegenspieler von Adrenalin und sorgt für Entspannung.

- Aminosäuren: Die Aminosäuren Tryptophan und Phenylalanin gehören zu den essentiellen Aminosäuren. Da sie der Körper nicht selbst bilden kann, müssen sie über die Nahrung zugeführt werden. Beide sind Ausgangsstoffe für Neurotransmitter.

- Vitamin C: Neben den vielfältigen Aufgaben im Körper ist Vitamin C auch am Nervenstoffwechsel und an der Bildung der Neurotransmitter aus Aminosäuren beteiligt. Der Vitamin C-Bedarf steigt in stressigen Situationen stark an, da der Stress zu einer Schädigung der Zellen durch freie Radikale führt. Vitamin C sollte mit Vitamin E kombiniert eingenommen werden.

- Zink: Zink ist eines der wichtigsten Spurenelemente, da es an über 200 Stoffwechselvorgängen im Körper beteiligt ist, so auch bei der Produktion von Neurotransmittern aus Aminosäuren. Es stärkt das Immunsystem und erhöht die geistige Leistungsfähigkeit. Ein Zink-Mangel kann auch depressive Zustände und Müdigkeit verursachen.

- Coenzym Q10: Es ist vor allem bekannt für seine positive Wirkung auf das Herz, versorgt die Zellen aber auch mit Energie und wirkt als starkes Antioxidans gegen freie Radikale. Ein Mangel führt zu einer Energiearmut im gesamten Zellstoffwechsel. Die Produktion von Q10 im Körper lässt mit zunehmendem Alter nach. Da es den Herzmuskel stärkt, wird es bei Herzschwäche, aber auch bei allen anderen Herz-Kreislauf-Erkrankungen eingesetzt.

- Glutathion: Fast alle an Burnout Erkrankten haben einen erniedrigten Glutathion-Spiegel, da bei einem oxidativen Stress durch freie Radikale sehr viel Glutathion verbraucht wird. Es ist aber wesentlich am Energie-Stoffwechsel beteiligt, daher kann man mit Glutathion der Erschöpfung entgegenwirken.
- Carnitin: Es ist ebenfalls wichtig für den Energie-Stoffwechsel und kann bei chronischen Erschöpfungszuständen nützlich sein.
- Vitamin D3: In den Wintermonaten ist es sinnvoll, Vitamin D3 einzunehmen, um der Herbst-/Winterdepression vorzubeugen, da es durch Sonnenlicht mit Hilfe von Cholesterin im Körper gebildet wird. Es hat eine nervenschützende Funktion und reguliert den Nervenbotenstoff Serotonin. Bei einem erhöhten Cortisol-Wert (bei Stress) sinkt der Vitamin D3-Spiegel, deshalb wäre hier eine Substitution empfehlenswert. Ein Mangel kann auch Schlafstörungen und Müdigkeit verursachen.
- NADH: NADH, die aktive Form von Niacin (Vitamin B 3), liefert Energie und verbessert dadurch die Gedächtnisleistung und die Konzentrationsfähigkeit.

- Omega-3-Fettsäuren: Diese mehrfach ungesättigten Fettsäuren sind wichtig für das Gehirn, das großteils aus Fett besteht, und für die Nervenzellen, da sie die Myelinschicht schützen. Sie werden auch bei der Produktion von Hormonen benötigt und können Entzündungen verhindern. Da Omega-3-Fettsäuren schnell oxidieren, sollte Vitamin C und Vitamin E als Oxidationsschutz zusätzlich eingenommen werden. Leinöl und Fischöl sind besonders reich an Omega-3-Fettsäuren.
- Gelee Royale und Blütenpollen: Beide Vitalstoffe werden aus dem Bienenstock gewonnen und werden bei körperlicher und geistiger Überlastung eingesetzt. Sie haben eine ausgleichende, nervenstärkende Wirkung.

Das ist nur eine kurze Zusammenfassung und der Bedarf an diesen Nährstoffen sollte individuell an die jeweilige Situation angepasst werden. Am sinnvollsten wäre, die Beratung eines Arztes, der sich mit Orthomolekularmedizin befasst, in Anspruch zu nehmen, da er auch die entsprechenden Laborwerte messen kann. Auch Heilpraktiker, Ernährungsberater und Apotheker kennen sich gut mit Mikronährstoffen aus und können bei Fragen behilflich sein.

MYKOTHERAPIE

Schon seit tausenden von Jahren wissen die Menschen um den Wert der Pilze als Nahrungsmittel. Pilze sind überaus reich an wertvollen Biovitalstoffen und enthalten nur wenig Kalorien und Fett. Sie liefern uns die Vitamine B, D und E, Mineralstoffe, Ballaststoffe und Aminosäuren. Diese essentiellen Aminosäuren sind besonders wichtig für Vegetarier und Veganer.

Außerdem sind Pilze in der Lage, Giftstoffe aufzuspalten. Aus diesem Grund sollte man selbst gesammelte Pilze nicht zu oft essen, da sie auch die Gifte aus dem Waldboden aufnehmen. Gezüchtete Pilzsorten aus Österreich und Deutschland kann man aber bedenkenlos kaufen.

Pilze sollten aufgrund ihrer besonderen Nährstoffe unbedingt regelmäßiger Bestandteil einer gesunden Ernährung sein. Aber auch als Heilpilze kommen sie in der Traditionellen Chinesischen Medizin zum Einsatz. Sogar bei Ötzi wurde ein Pilz gefunden, was beweist, dass dieses Wissen auch in Europa damals schon verbreitet war.

Diese 11 Heilpilze sind am bekanntesten:
- Agaricus blazei murill
- Auricularia
- Cordyceps

- Coprinus
- Coriolus
- Hericium
- Maitake
- Pleurotus
- Polyporus
- Reishi
- Shiitake

Vitalpilze wirken ausgleichend auf unser Nerven- und Hormonsystem, liefern dem Körper Energie und steigern dadurch die Leistungsfähigkeit, verringern Müdigkeit und fördern die Regeneration.

Eine Einnahme solcher Heilpilze sollte immer einschleichend erfolgen, da sie stark entgiftend wirken und es daher zu Erstreaktionen kommen kann. Zu beachten wäre auch, dass nur in Pilzpulver vom ganzen Pilz alle wertvollen Inhaltsstoffe vorhanden sind. Bei der Herstellung von Extrakten werden die Enzyme zerstört.

Der wichtigste Pilz bei Burnout wäre der Cordyceps. Er verleiht Lebenskraft, Stärke und Vitalität, wirkt aber auch beruhigend auf das Nervensystem. Durch seinen Bezug zu den Nieren und zur Nebennierenrinde reguliert er auch die Stresshormone. Außerdem enthält er die Aminosäure Tryptophan.

Ein weiterer bedeutender Heilpilz für die Nerven ist der Hericium. Er ist in der Lage, den Nervenwachstumsfaktor zu stimulieren und dadurch die Myelinschicht wieder aufzubauen. Eingesetzt wird er vor allem bei Stress, innerer Unruhe, Ängsten und Schlaflosigkeit, aber auch dann, wenn sich der Stress auf den Magen schlägt.

Besonders viele B-Vitamine enthält der Pleurotus. Diese sind wichtig für die Konzentration, die Energiegewinnung und für die Funktion der Nervenzellen.

Der bekannte Reishi-Pilz wird dann eingesetzt, wenn durch Hektik der Blutdruck steigt oder stressbedingte Herzrhythmusstörungen auftreten. Außerdem hat er eine beruhigende Wirkung bei Schlafstörungen, Nervosität und innerer Unruhe.

Bei Müdigkeit und Erschöpfung soll der Shiitake eingenommen oder als Speisepilz verzehrt werden.

PFLANZENHEILKUNDE

Die Kräuterheilkunde ist ein uraltes Wissen, das in unserer modernen Zeit leider immer mehr verloren geht. In allen Kulturen gab es Heilkundige, die Kräuter zum Heilen und Lindern von Krankheiten einsetzten. Hippokrates, Hildegard von Bingen, Paracelsus, Sebastian Kneipp und Maria Treben sind nur einige bekannte Beispiele.

Auch bei Erschöpfungszuständen und Burnout sind Heilpflanzen eine sanfte Selbsthilfemethode. Die häufigste Anwendung ist der Kräutertee, es gibt aber noch viele andere Möglichkeiten, wie z. B. Kräuterbäder, Tinkturen, Salben, Umschläge, Öle, Liköre, Kräuterpulver und Frischpflanzensäfte. Bei der Teezubereitung ist es wichtig, sich an die jeweilige Anleitung zu halten, da es verschiedene Zubereitungsformen gibt (Aufguss, Absud, Abkochung, Kaltwasserauszug). Wenn man den Tee zugedeckt ziehen lässt, können die ätherischen Inhaltsstoffe nicht entweichen. Zum Süßen kann man Honig oder Stevia verwenden, Zucker schwächt die Heilwirkung ab. Eine Teekur sollte nicht länger als 3 bis 4 Wochen dauern, weil sich der Körper an die Wirkstoffe gewöhnt. Danach wäre eine 2-wöchige Pause ideal oder man wählt eine andere Heilpflanze.

Folgende Heilkräuter können eine wertvolle Hilfe sein:

- Bei innerer Unruhe und nervlich bedingten Einschlafstörungen: Baldrian, Melisse, Lavendel, Hopfen, Passionsblume
- Bei depressiver Verstimmung: Johanniskraut
- Bei nervösen Herzbeschwerden: Weißdorn
- Bei Spannungs- und Erregungszuständen, nervlicher Erschöpfung: Hafer
- Bei Stress und Burnout: Rosenwurz (Rhodiola rosea)
- Bei nachlassender Leistung und Konzentration, bei Schwäche und Müdigkeit: Ginseng
- Zur Kreislaufanregung: Rosmarin

Lavendel und Melisse eignen sich auch für ein beruhigendes Kräuterbad am Abend. Bei der gleichzeitigen Einnahme von Johanniskraut und Medikamenten können Wechselwirkungen auftreten, außerdem kann es die Lichtempfindlichkeit der Haut erhöhen.

Die Kräuter sucht man nach dem psychischen Zustand aus, je nachdem, ob man sich eher schwach, antriebslos und erschöpft oder nervös, unruhig und angespannt fühlt. Manche Pflanzen haben jedoch eine adaptogene (ausgleichende) Wirkung. Adaptogene helfen dem Körper, sich an Stresssituationen besser anzupassen. Sie wirken auf das

Nervensystem anregend und beruhigend gleichzeitig. Rhodiola rosea (Rosenwurz) ist eine Heilpflanze, die vorwiegend in arktischen Gebieten
wächst, sie gehört so wie der Sibirische Ginseng
und Schisandra zu den wirksamsten Adaptogenen.

SCHÜSSLER SALZE

Schüssler Salze sind anorganische Mineralstoff-kombinationen, die potenziert sind und dadurch direkt auf der Zellebene wirken. Die Biochemie nach Dr. Wilhelm Heinrich Schüssler (1821 – 1898) ist eine einfache, wirksame Heilmethode, bei der die fehlenden Mineralstoffe feinstofflich substituiert werden. Er ging davon aus, dass eine Krankheit dann entsteht, wenn diese Mineralsalze in der Zelle nicht genügend vorhanden sind.

Bei chronischen Symptomen sollte man 6 x täglich eine Tablette von einem Mineralstoff lutschen. Je nach Krankheitsbild können auch mehrere Salze kombiniert werden. Die Aufnahme erfolgt über die Mundschleimhaut, nicht über den Magen. In akuten Situationen nimmt man die Mineralien in kurzen Abständen ein. Sie sollten nicht mit Metall in Berührung kommen, da sie dadurch ihre Wirkung verlieren.

Es gibt 12 verschiedene Schüssler Salze und noch weitere Ergänzungssalze, die aber erst später erforscht wurden:
- Calcium fluoratum (Nr. 1)
- Calcium phosphoricum (Nr. 2)
- Ferrum phosphoricum (Nr. 3)
- Kalium chloratum (Nr. 4)
- Kalium phosphoricum (Nr. 5)

- Kalium sulfuricum (Nr. 6)
- Magnesium phosphoricum (Nr. 7)
- Natrium chloratum (Nr. 8)
- Natrium phosphoricum (Nr. 9)
- Natrium sulfuricum (Nr. 10)
- Silicea (Nr. 11)
- Calcium sulfuricum (Nr. 12)

Bei Nervenschwäche nimmt man Nr. 5 und Nr. 8. Eine Kombination von Nr. 9 und Nr. 11 hilft bei gereizten Nerven. Innere Unruhe gleicht man mit Nr. 7 aus. Bei körperlicher und geistiger Erschöpfung kann man zusätzlich zur Nr. 5 und Nr. 8 auch das Ergänzungssalz Nr. 22 (Calcium carbonicum) einsetzen. In Situationen, wo man sich gut konzentrieren muss, z.B. beim Autofahren, hat sich eine Mischung aus Nr. 3, Nr. 5 und Nr. 8 bewährt. Calcium phosphoricum (Nr. 2) hat eine beruhigende Wirkung auf das Nervensystem und kann bei Schlafstörungen nach Mitternacht nützlich sein.

Bei Erschöpfung und Burnout wäre folgende Kombination als Unterstützung empfehlenswert:

Am 1. Tag: Nr. 2, Nr. 8 und Nr. 11 tagsüber, Nr. 7 abends

Am 2. Tag: Nr. 3, Nr. 5 und Nr. 8 tagsüber, Nr. 7 abends

Am 3. Tag: die gleichen Salze wie am 1. Tag

Am 4. Tag: die gleichen Salze wie am 2. Tag usw.

Mit Magnesium phosphoricum (Nr. 7) am Abend kann man gut einschlafen.

Von den Ergänzungssalzen eignen sich neben dem bereits erwähnten Calcium carbonicum (Nr. 22) auch Lithium chloratum (Nr. 16) und Calcium sulfuratum (Nr. 18) für den Einsatz bei Erschöpfung und nervlichen Belastungen.

Ein Mangel an Mineralstoffen macht sich im Gesicht mit bestimmten Anzeichen (z.B. Glanz, Blässe, Rötung, Falten) bemerkbar, die man bei einer sog. Antlitzdiagnose erkennen kann.

Wenn man an einer Laktose-Unverträglichkeit leidet, kann man Schüssler-Salze auch als Tropfen oder Globuli in jeder Apotheke oder bei Schüssler-Vereinen beziehen.

HOMÖOPATHIE

Die Homöopathie ist ebenfalls eine feinstoffliche Heilmethode, die von dem deutschen Arzt Samuel Hahnemann im 19. Jahrhundert entwickelt wurde. Die Wirkungsweise ist das Ähnlichkeitsprinzip, d. h. ein ausgewähltes Mittel löst – wenn es unverdünnt von einer gesunden Person eingenommen wird – die gleichen Symptome aus, wie die, die geheilt werden sollen.

Die homöopathischen Mittel werden potenziert und dadurch wirkungsvoller. Sie können als Tropfen, Globuli oder Tabletten eingenommen werden. Die Dosis und die Häufigkeit der Einnahme hängen von der verwendeten Potenz und der Krankheit ab, üblicherweise werden 3 Mal täglich 5 Globuli verordnet (bei niedrigen Potenzen). Wie die Schüssler-Salze dürfen auch die homöopathischen Mittel nicht mit Metall in Berührung kommen, da die Wirkung dadurch verringert wird.

Ein erfahrener Homöopathie-Arzt wird das passende Mittel je nach Konstitutionstyp auswählen. Für die Selbstbehandlung sind die sog. Komplexmittel geeignet, die man in der Apotheke kaufen kann. Bei diesen werden mehrere homöopathische Mittel miteinander vermischt, dadurch ergänzen sie sich in ihrer Wirkung.

Kalium phosphoricum, Nux Vomica, Arnica montana, Arsenicum album, Ignatia, Avena sativa, Hypericum, Gelsemium, Silicea oder Zincum metallicum wären je nach Beschwerdebild geeignete Mittel gegen Erschöpfung und Burnout. Diese können aber nur Anhaltspunkte sein, da jeder Betroffene andere Symptome hat.

BACHBLÜTEN-THERAPIE

Die Bachblüten-Therapie ist eine feinstoffliche Methode, mit der man die verschiedenen negativen Seelenzustände des Menschen harmonisieren kann. Dr. Edward Bach entdeckte schon in den dreißiger Jahren des vorigen Jahrhunderts 38 Blüten, die er diesen Seelenzuständen zuordnen konnte.

Die Bachblüten dienen der seelischen Vorsorge und Bewusstseinserweiterung, werden aber auch von Ärzten und Heilpraktikern bei akuten und chronischen Krankheiten begleitend eingesetzt. In schwierigen Situationen und Lebenskrisen können sie wertvolle Hilfe leisten.

Die Blüten-Essenzen sind Konzentrate und müssen vor der Verwendung mit ca. ¾ Wasser und ¼ Alkohol verdünnt werden. Dazu kauft man sich in der Apotheke eine 20 ml Flasche mit Pipette, füllt sie mit Wasser und Alkohol und gibt dann je zwei Tropfen aus den Konzentraten (stockbottles) hinzu. Meistens werden ja mehrere Blüten kombiniert. Von dieser Mischung tropft man viermal täglich vier Tropfen auf oder unter die Zunge. Eine andere Einnahmeform wäre die Wasserglas-Methode, die sich besonders in akuten Fällen bewährt hat. Hier werden je zwei Tropfen in ein Glas Wasser gegeben, das dann über den Tag verteilt getrunken wird.

Es ist ratsam, sich die individuellen Mischungen von einem erfahrenen Bachblüten-Berater zusammenstellen zu lassen, da man sich selbst gegenüber nicht objektiv genug ist. Will man es trotzdem selber versuchen, sind hier die wirksamsten Essenzen gegen Burnout aufgelistet:

- Emotionaler Überdruck: Cherry Plum
- Überforderung, Leistungsstress: Elm
- Unruhe, Nervosität, Ungeduld: Impatiens
- Ehrgeiz, Anspannung, Pflichtzwang, Dauerstress: Oak
- Körperliche und seelische Erschöpfung, Schwäche: Olive
- Krankhafter Perfektionismus: Pine
- Nervosität, Stress, Spannung: Vervain
- Geistige Überbeanspruchung, kreisende Gedanken: White Chestnut
- Ziellosigkeit: Wild Oat
- Antriebslosigkeit, Resignation: Wild Rose

Die Notfalltropfen (Rescue Remedy) sind eine Mischung aus folgenden Blüten-Essenzen: Cherry Plum, Clematis, Impatiens, Rock Rose und Star of Bethlehem. Sie werden in Notfall-Situationen pur und in kurzen Abständen direkt auf die Zunge geträufelt.

AROMATHERAPIE

Unter Aromatherapie versteht man die praktische Anwendung von ätherischen Ölen. Diese sind pflanzliche, nicht fettende Öle, die aus Blättern, Blüten oder Früchten bestimmter Heilpflanzen extrahiert werden. Durch ihren Einsatz können sie Stress vermindern, die Energie steigern, für Entspannung sorgen und das gestörte Gleichgewicht zwischen Körper, Geist und Seele wiederherstellen.

Die Düfte gelangen über den Geruchssinn in das Gehirn, wo sie in der Lage sind, entweder die rechte oder die linke Gehirnhälfte zu aktivieren oder beide auszugleichen, wie es bei der Meditation der Fall ist. Außerdem haben fast alle ätherischen Öle eine Wirkung auf das Hormonsystem und das vegetative Nervensystem. Dadurch beeinflussen sie das körperliche, mentale und seelische Wohlbefinden.

Die Anwendungsmöglichkeiten reichen von der Duftlampe über Inhalationen bis zu Bädern und Massagen. Bei einem Aromabad kann man z. B. Mandelöl oder auch Milch als Emulgator verwenden, da sich die ätherischen Öle nicht mit Wasser verbinden. Eine weitere Möglichkeit wäre, sich einen Aroma-Diffusor zu kaufen, der den Duft stärker verströmt als eine Duftlampe. Von der innerlichen Einnahme ist abzuraten, da sie über die Haut sowieso innerhalb kurzer Zeit ins Körperinnere gelangen. Viele Öle sind überhaupt nicht zum Einnehmen geeignet. Synthetische Duftöle sind extrem schädlich, daher sollten nur 100 % reine ätherische Öle verwendet werden.

Beruhigende und ausgleichende Wirkung haben: Basilikum, Bergamotte, Römische Kamille, Lavendel, Majoran, Melisse, Neroli, Orange, Rose, Sandelholz, Weihrauch, Ylang-Ylang, Zeder.

Belebend wirken folgende Öle: Eisenkraut, Eukalyptus, Ingwer, Kiefer, Koriander, Lorbeer, Minze, Nelke, Salbei, Thymian, Wacholder, Zimt.

Stimmungsaufhellend sind: Bergamotte, Jasmin, Muskatellersalbei, Neroli, Rose, Ylang-Ylang.

Bei mentaler Erschöpfung können Basilikum, Lemongras, Minze, Rosmarin und Zitrone eingesetzt werden.

Eukalyptus, Lemongras, Melisse, Muskatellersalbei, Rosmarin und Wacholder sind die wirksamsten Öle gegen Antriebsschwäche.

AYURVEDA

Ayurveda bedeutet „Wissen vom Leben" und ist eine ca. 5000 Jahre alte, ganzheitliche Heilweise aus Indien. Im Ayurveda geht es um eine gesunde Lebensweise mit dem Ziel, Krankheiten vorzubeugen und ein Gleichgewicht zwischen Körper, Geist und Seele zu schaffen.

In der ayurvedischen Lehre wird der Mensch und auch die Umwelt in 3 Doshas eingeteilt: Vata, Pitta und Kapha. Meistens ist ein Dosha stärker ausgeprägt als die anderen, dadurch entstehen die unterschiedlichen Konstitutionstypen. Mischtypen mit 2 vorherrschenden Doshas kommen jedoch am häufigsten vor. Wenn ein Dosha zu sehr dominiert, leidet darunter die Gesundheit. Durch verschiedene Maßnahmen, wie Ernährungsumstellung, Bewegung, Meditation, Yoga, Massagen und Änderung der Lebensweise kann man dieses Dosha wieder dämpfen. Ein Gleichgewicht zwischen den Doshas steigert das Wohlbefinden. Es ist daher von Nutzen, sein Dosha zu kennen. Ein Ayurveda-Arzt kann es durch seine Erfahrung leicht bestimmen, als Laie kann man es mit Hilfe spezieller Fragebögen herausfinden.

Vata-Menschen brauchen im Beruf eine abwechslungsreiche, anregende und kreative Tätigkeit. Durch die starke Begeisterung für neue Projekte kann es passieren, dass sie zu viel Energie verbrauchen und es dadurch zu nervösen Erschöpfungszuständen kommt.

Kapha-Typen mögen Routine und regelmäßige Arbeitsabläufe, eignen sich für körperliche Arbeit, da sie viel Kraft und Ausdauer haben.

Im Berufsleben neigen Pitta-Typen am ehesten zu Burnout, da sie sehr ehrgeizig und perfektionistisch sind. Sie suchen ständig neue Herausforderungen und übernehmen auch gerne Führungspositionen.

Bei sogenannten Panchakarma-Kuren kann man die ayurvedische Heilkunst kennenlernen. Hier werden nach einer Pulsdiagnose die verschiedenen Methoden zur Reinigung und Entschlackung, wie Massagen, Ölanwendungen, Ernährung, Heilkräuter, Yoga, QiGong und Meditation angewandt. Man muss dazu nicht nach Indien reisen, sie werden auch in Deutschland und Österreich angeboten. Solche Kuraufenthalte versprechen Regeneration und eine Steigerung des körperlichen und seelischen Wohlbefindens und durch die Entschleunigung findet man sein inneres Gleichgewicht wieder. Sie eignen sich daher besonders zur Prävention und Heilung von Burnout.

MUDRAS

Mudras sind verschiedene Fingerhaltungen mit einer ähnlichen Wirkung wie Yoga. Sie kommen aus dem Ayurveda und der Traditionellen Chinesischen Medizin. Durch ihre regelmäßige Anwendung kann man die Lebensenergie aktivieren, die Vitalität steigern, Stress und Spannungen abbauen und zur körperlichen und seelischen Balance zurückfinden. Auch die Heilwirkung dieser Übungen sollte nicht unterschätzt werden.

Die Wirkung der Mudras besteht auf energetischer Ebene. Der Körper wird von Energiebahnen (sog. Meridianen) durchzogen, die mit bestimmten Organen in Verbindung stehen. Die meisten dieser Meridiane haben ihren Anfangs- oder Endpunkt in den Fingern. Über die speziellen Fingerhaltungen ist es daher möglich, Blockaden, die sich durch unsere Lebensweise aufgestaut haben, in den Meridianen aufzulösen und auf die dazugehörigen Organe einzuwirken.

Die Mudras können sehr einfach, überall und oft unbemerkt von anderen Personen angewendet werden. Sie lassen sich problemlos in den Arbeitsalltag integrieren. Die empfohlene Dauer beträgt mindestens drei Minuten pro Fingerhaltung. Wichtig für den spürbaren Erfolg ist die Regelmäßigkeit. So

sollte man mehrmals täglich die Übungen wiederholen.

- Stress: rechte Hand: Daumen, Mittel- und
  Kleinfinger zusammen, linke Hand: Dau-
  menglied auf Kleinfingernagel
- Erschöpfung: beide Hände gleich: Daumen
  und Ringfinger zusammen, Zeigefinger auf
  erstes Daumengelenk
- Energielosigkeit: beide Hände gleich: Dau-
  menspitze auf das mittlere Glied des Zeige-
  fingers (Innenseite).
- Schlafstörungen: rechte Hand: Daumen und
  Zeigefinger zusammen, linke Hand: Daumen und Kleinfinger zusammen

Weitere Mudras sind im 3. Kapitel angeführt.

JIN SHIN JYUTSU

Jin Shin Jyutsu ist eine jahrtausendalte Heilmethode aus Japan. Sie dient zum Auflösen von Energieblockaden im Körper und zur Harmonisierung der Lebensenergie.

Diese Wirkung erzielt man durch das Berühren von 26 Energiepunkten, die am ganzen Körper jeweils rechts und links verteilt sind. Dadurch bringt man die Energie zum Fließen, zum „Strömen". Eine bestimmte Abfolge der Punkte nennt man „Strom", deshalb heißt die Methode auch „Japanisches Heilströmen". Jeder Punkt hat auch einen Bezug zu den Fingern.

Die Anwendung ist einfach. Mit den Fingerspitzen hält man gleichzeitig zwei Energiepunkte für mindestens 3 Minuten. Zwischen den beiden Körperstellen entsteht dadurch eine Verbindung, die Energie beginnt zu fließen. Als Reaktion darauf spürt man meistens ein leichtes Pulsieren. Es ist ratsam, beide Körperseiten zu strömen, um die Wirkung zu verbessern. Noch leichter in der Durchführung sind die Fingerhaltungen, sie können in den Arbeitsalltag eingebaut werden. Man umschließt mit der einen Hand nacheinander für jeweils 3 Minuten die Finger der anderen Hand. Jeder Finger ist mit den Organen und mit den Energiepunkten verbunden.

Folgende Energiepunkte können bei Burnout-Symptomen hilfreich sein:

Nr. 1 (bei Nervosität): Knie-Innenseite, rechtes und linkes Knie

Nr. 2 (bei Energiemangel und Müdigkeit): Körperrückseite, am oberen Beckenrand, rechts und links seitlich der Wirbelsäule

Nr. 5 (bei Energiemangel): Innenseite des Fußes zwischen Ferse und Knöchel

Nr. 7 (zur Entspannung): Unterseite der großen Zehe

Nr. 15 (Regeneration bei zu viel Arbeit): in der Mitte der Leistenbeuge rechts u. links

Nr. 17 (bei Nervosität, zur Entspannung): vor dem Knöchel am äußeren Handgelenk

Nr. 18 (zum Abschalten, zum Einschlafen): in der Mitte des Daumenballens (Innenhand)

Nr. 21 (bei Antriebslosigkeit): auf der Wange, am unteren Rand des Jochbeins

Nr. 22 (bei Nervosität): unterhalb des Schlüsselbeins, in der Mitte, rechts und links

Nr. 23 (bei Stress): am Rücken, ca. 2 cm über der Taille, rechts und links der Wirbelsäule (in Höhe der Nieren)

Nr. 26 (zur Entspannung): am äußeren Rand der Schulterblätter, hinter der Achselhöhle

Es gibt auch Organströme, die den einzelnen Organen und ihren Energiebahnen zugeordnet sind (z. B. Lungenstrom, Nierenstrom, Herzstrom, Magenstrom usw.). Bei diesen Strömen werden mehrere Energiepunkte miteinander kombiniert und durch eine bestimmte Abfolge dieser Punkte werden die Organe in ihrer Funktion unterstützt.

EDELSTEINE

Der Einfluss der Edelsteine auf den Menschen war schon in alten Kulturen bekannt. Auch Hildegard von Bingen beschäftigte sich mit der Heilkraft der Steine. Die Edelsteintherapie war neben einer richtigen Ernährung und einem spirituellen Leben ein wichtiger Bestandteil ihrer Heilslehre.

In der heutigen Zeit schätzen auch viele Menschen die Heilkräfte der Mineralien. Die Lithotherapie (lithos=Stein) zählt zu den alternativen Heilmethoden und beschäftigt sich mit der Wirkung und der Anwendung von Heilsteinen. Die Wirkung entsteht hauptsächlich durch die Schwingung, durch die verschiedenen Farben sowie durch die enthaltenen Mineralstoffe. Grüne und blaue Edelsteine z.B. beruhigen bei Stress und helfen bei der Regeneration. Rote Steine dagegen verleihen Kraft und Stärke.

Die Anwendungsmöglichkeiten sind vor allem das Tragen als Schmuckstück, das Auflegen auf bestimmte Körperstellen oder Chakren, das Trinken von Edelsteinwasser oder das Halten des Trommelsteines in der Hand.

Bei Burnout-Symptomen können folgende Steine hilfreich sein:
- Antriebslosigkeit: Karneol, Rhodochrosit
- Ziellosigkeit: Sodalith, Saphir

- Stress: Zitrin, Pyritsonne (auf Solarplexus legen)
- Erschöpfung: Turmalinkette, Rosenquarz, Koralle, Amethyst, Onyx, Bergkristall
- Nervosität: Sodalith, Aquamarin, Amethyst, Bergkristall, Zitrin, Lapislazuli, Saphir, Chrysokoll, Moosachat, Achat, Moosopal, Opal
- Müdigkeit: Karneol, Koralle, Bergkristall
- Abgespanntheit: Amethyst, Bergkristall, Achat, Jaspis, Moosachat, Rutilquarz

Beruhigende Wirkung haben diese Steine: Saphir, Aquamarin, Sodalith, blauer Topas, Lapislazuli, Chalcedon, Mondstein, Amethyst, Rubin und Koralle.

Neue Lebenskraft schenken der Achat, der Hämatit und der Türkis.

Für Vitalität sorgen der Bergkristall, Amethyst, Azurit, Zitrin, roter Jaspis, Karneol, Jade, Sodalith, Magnetit, Lapislazuli, Rubin, Türkis und die Koralle.

Eine Methode zum Stressabbau wäre das tägliche Auflegen am Abend für ca. 20 Minuten von sieben verschiedenfärbigen Edelsteinen auf das dazugehörige Chakra, zum Beispiel:

1. Chakra: rot: Jaspis

2. Chakra: orange: Karneol

3. Chakra: gelb: Zitrin

4. Chakra: rosa: Rosenquarz oder grün: Aventurin

5. Chakra: hellblau: Chalcedon

6. Chakra: blau: Sodalith

7. Chakra: violett: Amethyst

Steine müssen auch regelmäßig gereinigt werden. Dazu hält man sie für kurze Zeit unter laufendes, kaltes Wasser und lässt sie anschließend an der Luft trocknen. Dadurch können sie sich wieder „aufladen".

Die Edelsteine sollte man immer intuitiv aussuchen. Der Stein, von dem man sich am meisten angesprochen fühlt, passt genau zur momentanen Situation.

REIKI

Reiki ist eine über 2000 Jahre alte Heilmethode und bedeutet universelle Lebensenergie. Bei einer Behandlung wird diese Energie aus den Händen des Therapeuten auf den Körper des anderen übertragen. Dadurch werden die Selbstheilungskräfte aktiviert und Blockaden gelöst. Man wird durch eine Einweihung von einem Reiki-Meister zu einem Kanal für diese Energie, d.h. man ist nur Übermittler und kein Heiler. Der Körper heilt sich dann selbst. Die erste Einweihung (1. Grad) befähigt zum Handauflegen, die Einweihung zum 2. Grad ermöglicht auch eine Fernbehandlung, mit dem 3. Grad wird man zum Reiki-Meister.

Weitere Möglichkeiten sind der Chakren-Ausgleich, bei dem die Balance zwischen den einzelnen Chakren wieder hergestellt wird, und die Mentalheilung, die auf der Bewusstseinsebene wirkt. Mit dieser Methode können negative Programmierungen und Verhaltensmuster, die im Unterbewusstsein gespeichert sind, bearbeitet und aufgelöst werden.

Die einzelnen Handpositionen können bestimmten Krankheiten oder Beschwerden zugeordnet werden. Die Positionen am Rücken unterstützen zum Beispiel das Nervensystem und die Handflächen auf den Schläfen schenken uns Ruhe und Entspannung.

Bei Energielosigkeit wird eine Hand auf den Bauchnabel und die andere Hand unter den Rippenbogen gelegt.

Bei Interesse kann man sich während eines Reiki-Seminars zum 1. Grad einweihen lassen, dann ist man in der Lage, sich selbst Energie zu übertragen, und man braucht keinen Therapeuten dafür.

Reiki ist eine wirksame Methode zur Tiefenentspannung und Energetisierung bei Burnout, Stress und Erschöpfungszuständen und wirkt auf der körperlichen, geistigen, emotionalen sowie spirituellen Ebene. Reiki führt uns wieder auf den für uns richtigen Weg zurück, von dem wir durch eine falsche Lebensweise abgekommen sind.

PSYCHOLOGISCHE ASTROLOGIE

Die Erstellung eines Geburtshoroskops und die anschließende Beratung durch einen psychologischen Astrologen ist eine wertvolle Unterstützung dabei, seine eigene Persönlichkeit mit allen Stärken und Schwächen besser kennenzulernen. Dies ist besonders wichtig im Bereich der Beziehungen und des Berufslebens, um die wahre Berufung zu finden. Eine Person, die die Anlage hat, mit vielen Menschen zusammenzuarbeiten, wird in einem Büro auf Dauer nicht glücklich werden und neigt daher viel eher zu Burnout als eine Person, die jeden Tag mit Freude zur Arbeit geht. Durch dieses Bewusstwerden kann man auf seine Bedürfnisse wieder mehr achten und eine bessere Lebensqualität erreichen.

Eine weitere Hilfe ist die Errechnung der Zeitqualität. Ein Astrologe kann genau erkennen, wie lange eine bestimmte Phase andauert. Wenn man bereits in einer Krise steckt, schenkt es Zuversicht, wenn man erfährt, dass auch wieder bessere Zeiten kommen. Burnout hat übrigens einen Bezug zum Planeten Neptun.

MENTALTRAINING

Diese Methode wurde bekannt durch Bücher über positives Denken und das Unterbewusstsein. Beim Mentaltraining erlernt man Techniken und Übungen, um negative in positive Gedanken umzuwandeln. Man erfährt, wie man seine Einstellungen und Verhaltensweisen überdenken und verändern kann.

Durch die neue Sichtweise erreicht man eine Veränderung der eigenen Lebensgewohnheiten und dies hat auch Auswirkungen auf das berufliche und private Umfeld. Mit mentaler Stärke wird man stressresistenter und man kann daher die Herausforderungen des Alltags ruhiger und gelassener meistern.

Mentale Techniken, wie der Ausgleich der linken und rechten Gehirnhälfte, die Steigerung der Leistungs- und Konzentrationsfähigkeit und Visualisierungen zur Erfüllung der Ziele und Wünsche sind weitere Bereiche, die man in einem Seminar erlernen kann. Es gibt aber auch sehr gute Bücher zu diesem Thema. Mentaltraining ist eine effektive Methode, um Stress und Ängste zu minimieren, erfolgreicher zu werden und seine Ziele leichter zu erreichen.

THERAPIE MIT TIEREN

Tiere bereichern unser Leben. Sie schenken uns bedingungslose Liebe. Jeder achtsame Tierbesitzer wird dies bestätigen. Es gibt sogar wissenschaftliche Studien, die belegen, wie heilsam die Beziehung zu einem Tier für uns Menschen ist. Durch das Streicheln eines Haustieres wird die Produktion von Serotonin angeregt, was wiederum zu unserem Wohlbefinden beiträgt. Auch Trauer kann leichter bewältigt werden, wenn man die Aufgabe hat, sich um ein Tier zu kümmern, und man fühlt sich nicht so einsam.

So können auch antriebslose, depressive und gestresste Personen vom Umgang mit Tieren profitieren. Es wäre aber nicht sinnvoll, sich in einer akuten Erschöpfungsphase ein Haustier anzuschaffen, da man sich dabei noch mehr überfordern würde. Eine tiergestützte Therapie wäre viel besser. Eine andere Möglichkeit besteht auch darin, mit einem Hund aus dem Tierheim regelmäßig spazieren zu gehen. Man kann eine Beziehung zum Hund aufbauen, muss aber keine Verantwortung übernehmen. Die Bewegung an der frischen Luft, die Freude mit dem Tier und die Gewissheit, etwas Gutes in der Freizeit zu tun, wirken beruhigend und lenken von den Problemen des Alltags ab.

Weitere Therapien gibt es mit Pferden (Hippo-
therapie) und Delfinen. Diese werden meist bei
behinderten Menschen mit großem Erfolg eingesetzt. Auch das Beobachten von Fischen in einem
Aquarium hat einen beruhigenden Effekt und kann
Stress abbauen.

PSYCHOTHERAPIE

Wenn die Selbsthilfe-Methoden nicht mehr ausreichend sind und je nach Schweregrad der Erkrankung, kann es auch notwendig sein, professionelle Hilfe in Anspruch zu nehmen. Wer sich davor scheut, einen Psychiater aufzusuchen, kann auch von einem Gespräch mit einem ausgebildeten Lebens- und Sozialberater profitieren. Diese lernen während ihrer psychologischen Ausbildung, wie man sich in Krisensituationen richtig verhalten soll. Durch bestimmte Fragestellungen erkennt man die eigenen Fehler in der Lebensführung. Dann ist es sehr wichtig, bewusst die Entscheidung zu treffen, Veränderungen und eine Lebensstilkorrektur herbeizuführen. Die Lebensberater können uns dabei unterstützen, indem sie uns Lösungsmöglichkeiten und neue Perspektiven aufzeigen. Mit den neuen Erkenntnissen wird die Lebensbewältigung einfacher.

Ein Burnout sollte als Warnsignal verstanden werden. Es ist ein Hilfeschrei der Seele mit der Botschaft, dass die bisherige Lebensweise grundlegend verändert werden muss.

Einige Tipps und Anregungen zur Änderung des Lebensstils sind auch im nächsten Abschnitt angeführt.

ÄNDERUNG DES LEBENSSTILS

- Bewegung (Stresshormone abbauen)
- Ernährung: regelmäßige Mahlzeiten, bewusst langsam essen, Hektik vermeiden
- Entspannung (3. Kapitel)
- Eine ausreichende Schlafzeit von ca. 7-8 Stunden fördert die Regeneration der Körper- und Gehirnzellen sowie des Immun-, Hormon- und Nervensystems. Die ideale Zeit zum Schlafengehen wäre ca. 21.30 Uhr, da die erste Schlafphase vor Mitternacht von besonderer Bedeutung ist. Power-Napping (ein kurzer Mittagsschlaf von 20 Minuten) spendet Energie für den Nachmittag und ist eine Möglichkeit, zwischendurch für Erholung zu sorgen. Auf Schlafstörungen wird im 3. Kapitel näher eingegangen.
- Wenn man etwas verändern oder erreichen will, sollte man sich zuerst kleine Ziele setzen, diese erreichen und erst dann größere Ziele vornehmen.
- Es ist besser, sich zu 100 % auf ein Ziel zu konzentrieren, als seine Energie auf z.B. 4 Ziele zu verteilen, da man damit nur mehr 25 % Energie für ein Ziel aufwenden kann.
- Den Fokus nicht auf das richten, was man noch nicht erreicht hat, sondern auf das, was man schon geschafft hat, dadurch stellt

sich eine tiefe Zufriedenheit und Dankbarkeit ein.

- Perfektionismus und Ehrgeiz sind die häufigsten Ursachen für Burnout und Erschöpfung und müssten daher abgelegt werden. Zu hohe Erwartungshaltung an sich selbst reduzieren.
- Im Arbeitsablauf Prioritäten setzen und sich die Zeit bewusst einteilen (Zeitmanagement).
- Manche Menschen suchen unbewusst nach Anerkennung. Sie definieren ihren Selbstwert über das Thema Leistung. Diesen Umstand erkennen und verändern.
- Wenn man keine Freude an seiner Arbeit hat und nur „funktioniert", wirkt Stress belastender und man neigt eher zu Burnout. Wenn man nicht nur einen Job ausübt, sondern seine Berufung lebt, findet man Erfüllung und Zufriedenheit.
- Wenn Mobbing die Ursache für ein Burnout ist, wäre es vernünftiger, sich einen neuen Arbeitsplatz zu suchen, natürlich nur dann, wenn es die derzeitige Lebenssituation erlaubt. Im Vorfeld kann man sich professionelle Hilfe in Form einer Mediation holen.
- Wenn es im Berufsleben möglich ist, könnte man gewisse Arbeiten delegieren.

- Kleine Pausen einlegen – Ruhephasen einplanen – Work-Life-Balance
- Auf einen strukturierten Tagesablauf achten und einen eigenen Rhythmus finden
- Achtsamkeitsübungen verschaffen uns mehr Ruhe und Gelassenheit im Alltag
- Man muss nicht jedem Trend folgen. Jeder sollte individuell überlegen, ob dieser Trend überhaupt zu einem passt.
- Die Zeit, die man mit Smartphone, Internet und sozialen Netzwerken verbringt, einschränken. Ein bewusster Umgang mit diesen Medien wäre sinnvoll (ständige Erreichbarkeit bedenken).
- Abends sollte man keine Nachrichten oder Krimis schauen, da die negativen Inhalte während der Nacht auf uns einwirken.
- Auf Aufputschmittel, wie Energy-Drinks, Cola und Kaffee unbedingt verzichten, da sie den Körper noch zusätzlich belasten.
- Baden wirkt entspannender als duschen
- Wenn man am Helfersyndrom leidet, sollte man versuchen, nein sagen zu lernen und Grenzen zu ziehen. Frauen neigen eher dazu, nach Harmonie zu streben, und sind deshalb besonders davon betroffen.
- Gesunden Egoismus entwickeln – Selbstliebe

- Manche Menschen rauben uns die Energie durch belastende Gespräche oder durch ihr Verhalten. Solche Energieräuber meiden und ihnen aus dem Weg gehen.
- Bei Beziehungsproblemen wäre es wichtig, diese zu klären und aufzulösen, da sie den Stress am Arbeitsplatz noch zusätzlich verstärken.
- Seelen-Freundschaften pflegen: Mit „seelischen Freunden" kann man über seine Probleme sprechen und sie unterstützen uns auch in schwierigen Situationen.
- Tätigkeiten oder Hobbys ausüben, die Freude bereiten und die der Seele guttun
- Wieder mehr auf die eigenen Bedürfnisse achten – Fürsorge sich selbst gegenüber und achtsamer Umgang mit sich selbst
- Lärm vermeiden – bewusst in die Stille gehen
- Negative Gedanken nicht aufkommen lassen und eine möglichst positive Lebenssicht entwickeln, gedanklichen Ballast abwerfen, Aufräumen im Kopf – Psychohygiene
- Spiritualität leben – man erkennt dadurch Zusammenhänge und einen tieferen Sinn im Leben. Spiritualität kann in schwierigen Lebensphasen einen gewissen inneren Halt geben und Gebete können Kraft und Zuversicht schenken.

3. Kapitel: Entspannungsmethoden, Körper- und Bewusstseinsarbeit

Ein Weg, um zur Ruhe zu kommen, können Yoga und Meditation sein. Aus eigener Erfahrung, ich betreibe schon seit 12 Jahren Yoga, kann ich diesen Weg weiterempfehlen.

Die spirituelle, indische Sicht der Dinge ist folgendermaßen: Krankheit ist das Ergebnis blockierter Energie. Erst wenn die Blockaden gelöst sind, kann der Körper wieder gesund werden. Fünf Säulen führen lt. indischer Sicht zu körperlicher, geistiger und seelischer Gesundheit: Bewegung, Atmung, Meditation und Entspannung, gesunde Ernährung und positives Denken.

Vorerst möchte ich ein paar Atemübungen vorstellen, die uns helfen, zur inneren Ruhe zu finden. Danach stelle ich ein paar einfach durchzuführende und wirksame Yogaübungen vor.

ATEMTECHNIKEN

Bauchatmung:

- Nimm dir 5 Minuten Zeit und setze dich bequem und aufrecht hin.
- Spüre etwa eine Minute, wie dein Atem ganz von selbst fließt. Wie er ein- und wie er ausströmt.
- Vertiefe jetzt deinen Atem bewusst. Atme nach unten in den Bauch. Der Bauch hebt sich beim Einatmen und senkt sich beim Ausatmen.
- Atme nun in deinem Rhythmus tief in den Bauch, etwa 4 Sekunden ein und 4 Sekunden aus.
- Du kannst dir eine Sonne in deinem Bauch vorstellen, um bei jedem Einatmen bewusst Energie und Licht in deinem Bauch aufzunehmen.
- Bei jedem Ausatmen lässt du alles Überflüssige von dir abfließen, in die Unterlage, in die Erde. Beim Einatmen nimmst du frische Energie, Licht und Kraft auf, ausatmend lässt du los und entspannst.

Die folgende Atemübung möchte ich auch besonders empfehlen, weil sich hierbei ein wunderbar befreiendes Gefühl einstellen kann.

Stoßatmung:

- Aufrechter, bequemer (wenn möglich) und kreuzbeiniger Sitz, gerader Rücken, gerader Nacken (wichtig).
- Beginne jede Atemübung, indem du zuerst vollständig ausatmest.
- Lege die rechte Hand auf den Bauch und die linke Hand über die rechte.
- Atme jetzt tief ein, wieder aus und dann bequem ein und ca. 15 Mal schnell, stoß-weise ausatmen.
- Beim Ausatmen ziehst du das Zwerchfall (den Bauch) nach innen und oben. Falls es schwerfällt, den Bauch einzuziehen, kannst du ruhig mit leichtem Druck der Hände etwas nachhelfen. Atme immer durch die Nase dabei.
- Nach den 15-20 Wiederholungen, halte die Luft an und spanne die Beckenmuskulatur an.
- Stelle dir gleichzeitig den Punkt zwischen den Augenbrauen (3. Auge) vor und wie Licht dorthin strömt.
- Danach lasse wieder alles locker. Wieder-hole die Übung 1-2 Mal.

Wechselatmung:

- Setze dich in einer geraden Haltung hin. Der Scheitelpunkt deines Kopfes strebt nach oben.
- Atme gründlich aus und ein. Dann Nasenlöcher abwechselnd mit rechtem Daumen und Ringfinger schließen.
- Links einatmen, Atem anhalten, rechts ausatmen, rechts einatmen, anhalten, links ausatmen = eine Runde. Beispiel: 4 Sek. einatmen – 4 Sek. anhalten – 8 Sek. ausatmen.
- Wenn du dich beim Atemanhalten unwohl fühlst, lasse diesen Teil weg und mache die vorbereitende Übung: 4 Sek. einatmen – und so lange wie möglich (wenn möglich 8 Sek.) ausatmen.
- Wenn du das einige Tage geübt hast, kannst du die Übung auch weiter vertiefen, indem du die Intervalle wie folgt setzt: Also 4 Sek. einatmen – 16 anhalten – 8 ausatmen.
- Wiederhole die Übungen zuerst 6 Mal und steigere sie dann allmählich auf 24 Mal.

Zum Abschluß möchte ich dir noch eine entspannende Atemübung empfehlen.

Einfache Atemübung:

- Atme etwa doppelt so lange aus wie ein
- Wenn Du beispielsweise etwa fünf Sekunden lang einatmest, versuche dann etwa zehn Sekunden lang das Ausatmen in die Länge zu ziehen.
- Einfach bewusst ganz langsam ausatmen.

YOGA-ÜBUNGEN

Die Katze:

- Komm in den Vierfüßlerstand. Dehne nun beim Einatmen den Rücken ganz nach oben in den Katzenbuckel, Kopf nach unten.
- Beim Ausatmen rolle von der unteren Wirbelsäule, Wirbel für Wirbel wieder in die Grundposition und blicke geradeaus. Wiederhole das ganze 10 Mal.
- Strecke beim Einatmen dein linkes Bein gerade nach hinten und deinen rechten Arm nach vorne. Dehne dich nun ganz sanft in die Länge und schau dabei geradeaus.
- Beim Ausatmen ziehe den rechten Ellenbogen und das linke Knie zusammen und schau Richtung Nabel.
- Wiederhole diese Bewegung ungefähr 12 Mal.
- Dann wechsle über in die Diagonale (rechtes Bein und linker Arm) und übe dieses Ausdehnen und Zusammenziehen im Rhythmus deines Atems noch einmal etwa 12 Mal.

Je langsamer du dich bei dieser Yoga-Übung bewegst, desto wackeliger wird es und umso besser wird dabei dein Gleichgewichtssinn geschult.

Das Boot:

- Auf den Rücken legen, Arme neben dem Körper, Handflächen zeigen nach oben.
- Hebe beim Einatmen beide Beine vom Boden ab, bringe das Kinn in Richtung Brust und ziehe die Füße leicht zum Körper.
- Die Position kurz halten, dann die Beine mit der Ausatmung wieder sanft in der Grundposition ablegen.
- Am Anfang 3 Wiederholungen, bis 15 Wiederholungen steigern.

Der Tänzer/die Tänzerin:

- Verlagere im Stehen das Gewicht auf das linke Bein, richte den Blick in Augenhöhe auf einen festen Punkt vor dem Körper und bringe die linke Hand zur linken Hüfte.
- Beuge das rechte Knie, fasse das Fußgelenk mit der rechten Hand hinter dem Körper und ziehe den Fuß so weit wie möglich nach hinten oben.
- Strecke einatmend den linken Arm nach oben in eine waagrechte Linie.
- Hebe die Brust an. Verharre in der Endposition so lange wie möglich.
- Wechsle dann nach einer kurzen Pause auf

das andere Bein.
- Am Anfang: 3 Wiederholungen auf beiden Seiten, auf bis 8 Wiederholungen steigern.

Kurz möchte ich auf Mantras eingehen:

Mantras sind heilige Wörter, Klänge, die bereits vor sehr langer Zeit zur Reinigung des Geistes verwendet wurden. Mantras können laut ausgesprochen, geflüstert oder auch still wiederholt werden. Om ist wohl das bekannteste Mantra.

Wenn du dich eingehender mit Mantras beschäftigen möchtest, es gibt eine Vielzahl davon. Man kann sie gut nach einer Yogaeinheit einsetzen.

Lachyoga:

Das Lachyoga wurde 1995 von dem indischen Arzt Dr. Madan Kataria entwickelt und wird inzwischen in mehr als 100 Ländern praktiziert. Im Zentrum von Lachyoga stehen die Lachübungen, dazu kommen Entspannungs- und Atemübungen sowie Rituale, die eine kindliche Verspieltheit fördern. Es verbindet die Atemtechnik des klassischen Yoga (Pranayama) mit motorischen Übungen, wie Dehnen, Pantomime und Klatschen.

MUDRAS

Mudra für Entspannung:

Eine perfekte Übung, um abends abzuschalten, den Alltagsstress hinter sich lassen. Eignet sich auch als Einschlafübung. Lege die Zeigefinger aufeinander, die Daumen liegen überkreuzt, die restlichen Finger werden ineinander verschränkt. Es soll ein kleiner Hohlraum zwischen den Handflächen entstehen. In dieser Haltung 10 bis 15 tiefe Atemzüge machen, besonders betont ausatmen.

Mudra für Ruhe und Konzentration:

Massiere deine Hände, als ob dir kalt wäre. Dann lege die Fingerspitzen der rechten Hand in die Handfläche der linken und beuge die Finger der linken Hand darüber. Dein linker Daumen zeigt auch nach innen. Halte die Hände jetzt auf der Höhe deines Magens. Atme dabei tief und langsam und richte deine Aufmerksamkeit auf deinen Atem. Wenn andere Gedanken kommen, kannst du auch von 25 rückwärts zählen. Also 25-einatmen-24-ausatmen-23-einatmen usw.

MEDITATION

Meditation beruhigt den Geist und wird auch bei oder nach einer Yogaeinheit durchgeführt. Wichtig ist es, dass du geduldig bleibst und dir die tägliche Zeit dafür nimmst. Nimm dir am Anfang ca. 10 Minuten vor. Auch wenn negative Gedanken auftreten, sage dir, es sind nur Gedanken und sie vergehen wieder. Vor allem am Anfang kann es auch zu Verspannungen kommen. Viele Ergebnisse in der Forschungsliteratur weisen darauf hin, dass Meditation bereits nach einigen Wochen deutliche Effekte bringen kann. Allerdings muss ich seriöserweise sagen, es kann auch länger keine wahrnehmbaren Erfolge geben, aber es ist es trotzdem wert, wenn du regelmäßig durch Meditation zur Ruhe kommst.

Was musst du beachten? Auf alle Fälle die Körperhaltung.

Eine der wichtigsten Dinge beim Meditieren ist, dass du eine aufrechte Wirbelsäule hast. Ein aufrechter Rücken bewirkt, dass sich deine Brust öffnet und du frei atmen kannst.

Die Arme lässt du einfach in deinen Schoß fallen und deine Hände legst du ineinander. Die Daumen zeigen gegeneinander, berühren sich aber nicht. Der Kopf schaut gerade aus, lasse deine Schultern fallen.

Versuche deinen ganzen Körper zu entspannen, während du gleichzeitig eine aufrechte Haltung beibehältst.

Du sitzt an einem ruhigen Platz. Stelle nun deinen Wecker auf 10 Minuten – das ist am Anfang völlig ausreichend. Dann schließe die Augen und atme ein paarmal ganz bewusst tief in deinen unteren Bauchteil ein und aus. Checke während dessen noch mal deine Körperhaltung: aufrechter Rücken, lockere Schultern, freier Brustraum, entspanntes Gesamtgefühl.

So nun kannst du mit der Meditation beginnen:

Nachdem du die ersten tiefen Atemzüge genommen hast, bleibe mit deiner Aufmerksamkeit bewusst bei deinem Atem. Am Anfang geht es darum, deinen Kopf freizubekommen und mit der Aufmerksamkeit in den Körper zu gehen.

Spüre deinen Atem, wie er langsam in deinen Körper fließt und wieder den Körper verlässt. Achte auf jedes kleine Detail. Achte darauf, wie sich dein Bauch beim Einatmen weitet und wie der Luftstrom deine Oberlippe beim Ausatmen passiert. Das Ziel ist es, während der ganzen Meditation deinen Atem bewusst zu beobachten.

Früher oder später, wahrscheinlich schon nach wenigen Sekunden, werden dich deine Gedanken wieder davon ablenken. Das macht aber nichts, das ist ganz normal. Wenn das passiert, führe deine Aufmerksamkeit wieder sanft zu deinem Atem zurück.

Werde zum Beobachter deiner Gedanken. Egal was geschieht, betrachte deine Gedanken wie Blätter auf einem vorüberfließenden Fluss und kehre immer wieder zu deinem Atem zurück.

Das Ziel dieser Meditationsübung ist es natürlich, dass du diesen Zustand auch in deinen Alltag mitnimmst. Wenn dich dein Wecker also nach 10 Minuten zurückholt, dann springe nicht sofort auf und renne zu deiner nächsten Aufgabe. Nimm deinen Fokus und deine neue Energie mit in deine nächste Aufgabe am Tag. Bleibe dir selbst und deinem Atem bewusst. Bewahre deine aufrechte Haltung. Bleibe dir bewusst!

Eine weitere Möglichkeit, Meditation zu üben, geht folgendermaßen:

Setze dich am besten auf den Boden und sitze mit geradem, unangelehntem Rücken.

Nimm dir ebenso wieder 10 Minuten, in denen du ungestört bist. Lege die Hände auf die Oberschenkel.

Nun schließe die Augen halb, den Blick leicht nach unten gerichtet, ohne etwas im Raum zu fixieren.

Konzentriere dich auf deinen Atem, ohne etwas an ihm zu verändern. Zähle jeden Atemzug: einatmen 1, ausatmen 2, einatmen 3, ausatmen 4 – zähle bis 10, dann fange wieder bei 1 an.

Wenn deine Gedanken abschweifen, lenke diese sanft wieder auf den Atem zurück. Wenn du nicht mehr weißt, bei welcher Zahl du stehengeblieben bist, fange einfach wieder bei 1 an.

Wenn du spürst, dass dein Atem ruhig und gleichmäßig ist und du deinen Gedankenstrom beruhigen konntest, bist du in der Meditation, jetzt kannst du langsam aufhören zu zählen.

Bleibe noch einige Minuten sitzen und spüre, wie allmählich eine innere Ruhe einkehrt und du nur noch im Hier und Jetzt bist.

Wenn du bereit bist, öffne langsam deine Augen wieder, strecke dich und bleibe noch 2 Minuten so sitzen.

Eine ganz einfache Form der Meditationsübung für zwischendurch geht so:

Denke beim Einatmen: Das Wort „Liebe". Beim Ausatmen denke: Das Wort „Danke" und wiederhole es, so oft du möchtest bzw. bis du dich ruhig fühlst.

GEDANKEN- UND FANTASIEREISEN

Wunderbar entspannend können Gedankenreisen sein. Sehr gut tut es auch z.B. nach einer Yogaeinheit, eine Gedankenreise zur Entspannung zu machen.

Such dir für die Gedankenreise einen ruhigen, ungestörten Ort. Stelle dir vor, du würdest dir die Fantasiereise selbst vorlesen oder nehme dich auf einen Tonträger auf. Du kannst auch jemand anderen bitten, dir die Fantasiereise langsam vorzulesen.

Nachfolgend ein kleines Beispiel für eine Fantasiereise, es gibt jedoch auch viele Tonträger zu kaufen:

- Lege dich locker und bequem auf den Boden und atme ein paar Mal ruhig ein und aus. Nehme dir Zeit, deinen Körper zu spüren.

- Stelle dir vor, du bist an einem ruhigen, weißen, langen Sandstrand.

- Es ist ein warmer, sonniger Tag und du spazierst langsam den Strand entlang.

- Du spürst den warmen Sand an deinen Füßen und zwischen deinen Zehen, du spürst die Wärme und die Sonne auf deinem ganzen Körper.

- Du atmest die frische Meeresbrise ein. Du schaust auf den Himmel und schaust über das weite, türkisblaue Meer.

- Du gehst mit den Füßen ein Stück in das Meer und spürst das kühle Wasser und eine leichte angenehme Luft auf deiner Haut.

- Du setzt dich auf einen Felsen und schaust auf das wunderschöne Meer hinaus, das in vielen Blau- und Türkistönen leuchtet.

- Du hörst das gleichmäßige Rauschen des Meeres und genießt das entspannte Gefühl in dir.

- Bevor du deine Fantasiereise beendest, lasse dir Zeit, zurückzukehren. Atme tief ein und aus. Danach recke und strecke dich und öffne ganz langsam wieder die Augen.

PROGRESSIVE MUSKELENTSPANNUNG

Mit der progressiven Muskelentspannung befassen wir uns ebenfalls mit einer ganz tollen Entspannungsmethode, die ich ebenfalls bei Bedarf anwende.

Diese Methode bietet dir durch das An- und Entspannen die Möglichkeit, deinen Körper wieder besser wahrzunehmen. Der Körper schaltet dabei vom Arbeits- in den Ruhebereich. Die Übungen helfen dir, gelassener zu werden und abzuschalten. Bitte wende progressive Muskelentspannung nicht bei Epilepsie und bei schweren körperlichen Behinderungen an.

Ziehe dir für die Übungen bequeme Kleidung an und nimm dir insgesamt ca. 20 Minuten Zeit, in denen du nicht gestört wirst. Achte auf eine ruhige Atmung während der Übungen. Du kannst die Übungen sowohl im Sitzen als auch im Liegen machen.

Progressive Muskelentspannung nach Jakobsen:

Hier ist eine Abfolge:

-   Balle die rechte Faust und spanne die Muskeln fest an. Zähle dabei langsam bis 7. Dann lass los und entspanne die Muskeln wieder, du kannst dabei bis 10 zählen.

- Nun mache das Gleiche mit der linken Faust.

- Nun spanne den Bizeps der Arme an und stelle dabei die Unterarme in einen rechten Winkel zu den Oberarmen auf. Wieder bis 7 zählen und dann entspannen und bis 10 zählen.

- Spanne jetzt beide Unterarme an, indem du sie flach auf die Unterlage presst.

- Runzle nun die Stirn und öffne dabei die Augen ganz weit und ziehe die Augenbrauen in die Höhe. Danach wieder entspannen.

- Kneife die Augen fest zusammen und zähle dabei wieder bis 7, entspannen.

- Jetzt presse die Lippen fest aufeinander.

- Drücke die Zunge gegen den Gaumen, danach die Zunge locker lassen.

- Drücke den Nacken fest gegen die Unterlage und dann wieder entspannen.

- Presse das Kinn fest auf die Brust, dann wieder locker lassen.

- Ziehe die Schultern bis zu den Ohren, halte die Spannung bis 7 und lass die Schultern wieder locker fallen.

- Ganz tief einatmen, bis sich dein Brustkorb wölbt. Sanft weiteratmen und nach der 7 wieder entspannen.

- Bauch herausdrücken und bis 7 halten, locker weiteratmen.

- Hebe den Po von der Unterlage bis zu einem leichten Hohlkreuz an und spanne die Muskeln an.

- Spanne die Unterschenkel an, indem du die Füße fest in die Unterlage drückst und dann wieder entspannst.

- Bleibe noch für ein paar Minuten liegen und genieße den entspannten Zustand.

- Dann denke am Schluss noch beim Ein- atmen das Wort „ganz" und beim Ausatmen das Wort „ruhig". Das kannst du 3 Mal wiederholen.

FELDENKRAIS

Bei Feldenkrais handelt es sich um eine Form von Körpertherapie. Feldenkrais-Übungen korrigieren fehlerhafte Körperhaltungen. Es ist weiters eine Methode, die uns lehrt, bewusst unseren Körper und unsere Körperfunktionen wahrzunehmen:

- Lege dich auf die Seite und winkele die Beine im 90-Grad-Winkel an. Strecke die Arme gerade nach vorne, sodass die Handflächen aufeinanderliegen. Auf diese Weise liegst du stabil auf der Seite, ohne nach vorne oder hinten zu kippen.
- Hebe den oberen Arm leicht an. Spüre das Gewicht des Arms? Wo beginnt die Bewegung - im Nacken, in der Schulter? Welche Muskeln sind angespannt? Lasse dir Zeit zum Nachspüren.
- Mache die gleiche Übung nach einer Pause, indem du mit dem oberen Arm zurück-gleitest, also in Richtung Ellenbogen.
- Welche Körperteile musst du bewegen, wenn du noch weiter mit dem Arm zurück-gleiten willst? Verändert sich etwas im Körper?
- Wann ist die Bewegung am leichtesten, wenn du den Arm und den Kopf aktivierst oder wenn du die Körperpartien dazu nimmst?

Entspannter Nacken:

- Setze dich auf einen Stuhl und drehe ein paarmal den Kopf hin und her.
- Spüre die Beweglichkeit deines Nackens.
- Falte die Hände und lege sie hinter den Kopf und drücke 3-4 Mal gegen die Hände, danach falte die Hände auf die andere Art und Weise, den anderen Daumen nach vorne und mache das Gleiche nochmal.
- Die Hände wieder wie gewohnt halten, danach drehe den Kopf, den Rumpf, die Schultern von einer Seite auf die andere, 3-4 Mal, danach wieder auf die andere Art und Weise falten und wieder das Gleiche durchführen.
- Anschließend wieder auf die „normale Art und Weise" falten und hinter den Kopf legen, neige den Kopf nach oben und nach unten, 3-4 Mal und das Ganze auch wieder auf der anderen Seite.
- Wie fühlt sich dein Nacken nach den Übungen an?

Mache diese Übungen 3-4 Mal die Woche und du wirst eine Verbesserung bemerken.

Viele Menschen nehmen auch den Unterschied zwischen einer bewussten und einer unbewussten Bewegung nicht gut war. Es gibt zahlreiche

Feldenkrais-Therapeuten, die dir dabei Hilfestellungen geben können.

POLARITÄTSTHERAPIE

Ich habe Übungen aus der Polaritätstherapie bei einem Atemseminar kennen und schätzen gelernt. Die Übungen bauen ausgezeichnet Spannungen und Ängste ab und wirken befreiend.

Die Polaritätstherapie ist eine ganzheitliche Heilungsmethode, die von Dr. Randolph Stone, einem Naturheiler, Chiropraktiker und Osteopathen gegründet wurde.

Die Polaritätstherapie besagt, dass Gesundheit vom freien Energiefluss im Körper abhängt.

Dr. Stone ist der Auffassung: Alle Krankheiten sind auf eine Unterbrechung des Energieflusses zurückzuführen. Er erkannte, dass negative Gedanken und Ängste negative Energien bilden. Werden diese abgebaut, verbessert sich der Zustand. Polaritätstherapeuten versuchen, durch Gymnastik und sanfte Berührungen die Energieströme zu harmonisieren. Es gibt darauf aufbauend Entschlackungskuren, die den Körper entgiften sollen. Die Diäten sind auf den Patienten abgestimmt. Psychologische Beratung und Übungen, die den Energiefluss des Körpers anregen sollen, sind außerdem Teile der Polaritätstherapie.

Ein Beispiel einer Übung aus der Polaritätstherapie ist die folgende „Holzhackerübung" zum Abbau von Blockaden und angestautem Ärger:

- Stehe aufrecht, die Beine in Hüftbreite.
- Beuge die Knie und kippe das Becken zurück.
- Strecke die Arme über den Kopf, als würdest du eine Axt halten.
- Schwinge mit dem Oberkörper nach unten und lasse die Hände wie beim Holzhacken zwischen den Beinen zurückschwingen.
- Schrei dabei laut „Ha", um Spannungen zu lösen.
- Lasse die Knie gebeugt und wiederhole die Übung, so oft du möchtest.

PILATES

Pilates und Yogaübungen haben vieles gemeinsam und doch gibt es einen gravierenden Unterschied. Pilates ist ein Bewegungs- und Muskeltrainingsprogramm zur Stärkung der Muskulatur. Yoga ist tausende von Jahren alt und vereint Körperübungen, auch Atemtechniken, Entspannungsübungen und Meditation. Mittlerweile gibt es aber auch eine Mischform, die in Kursen und Seminaren angeboten wird: das Yogalates.

Yoga und Pilates schließen sich gegenseitig nicht aus, sie ergänzen sich.

Pilates ist ein ganzheitliches Körpertraining von Joseph H. Pilates. Durch den Fokus, die Muskulatur zu stärken, zu straffen, verhilft man dem Körper zu einer besseren Haltung. Pilates ist eine Bewegungsform und hat nichts mit Spiritualität zu tun. Beim Yoga wird durch die Nase geatmet, beim Pilates wird durch die Nase eingeatmet und durch den Mund ausgeatmet.

Anschließend ein Kurzprogramm:

Aktiviere zuerst deine Körpermitte, das so genannte „Powerhouse", indem du die queren Bauchmuskeln und die Beckenbodenmuskeln anspannst und leicht nach innen oben ziehst. Das ist eine der Grundpositionen von vielen Pilates-

Übungen.

Pilates-Übungen:

Beinübung:

- Knie dich in den Vierfüßlerstand auf den Boden. Dafür setze die Knie und Hände auf dem Boden ab.
- Die Fingerspitzen zeigen nach vorn oder leicht nach innen.
- Um die Gelenke zu schonen, die Arme nicht gänzlich durchdrücken, sondern ganz leicht gebeugt halten.
- Die Fußspitzen sind aufgestellt.
- Po, Bauch und Rückenmuskeln sind fest angespannt.
- Nun hebe einen Fuß mit der Ferse voran senkrecht nach oben an. Idealerweise drücke den Fuß soweit hinauf, dass der Oberschenkel in einer Verlängerung der Wirbelsäule steht und der Unterschenkel im 90 Grad Winkel dazu steht.
- Hebe das in der Luft stehende Bein so weit es geht gerade in die Höhe, ohne dass sich der Rest des Körpers dabei verändert. Achtung: Man fällt hierbei leicht ins Hohlkreuz. Spanne den Bauch fest genug an, damit kein Hohlkreuz entsteht.
- Wiederhole die Übung je Bein 20 Mal.

Seitliche Beinübung:

- Dreh dich auf die rechte Seite und lege den Kopf auf dem rechten Arm ab.
- Beim Ausatmen den Bauch anspannen und beide Beine anheben. Fließend weiteratmen. Das linke Bein noch etwas höher heben, dann wieder senken. Insgesamt zehnmal wiederholen.
- Dann das linke Bein oben halten und das rechte zehnmal auf und ab bewegen. Zum Schluss auf die linke Seite drehen und die Übung wiederholen.

Rolling like a ball:

- Am Anfang sitzt du gerade und aufrecht, Becken und Wirbelsäule sind in einer neutralen Position.
- Spanne deine Bauchmuskulatur an und runde dadurch deinen Rücken.
- Hebe deine gestreckten Füße von der Matte ab und kippe das Becken ein wenig. Deine Hände liegen in den Kniekehlen, halte den Nacken gestreckt.
- Beim Einatmen rollst du dich langsam Wirbel für Wirbel gerade zurück, bis deine Schulterblätter auf der Matte aufkommen. Die Füße zeigen zur Decke.
- Mit der Ausatmung beginnend geht es,

rollend wie ein Ball, wieder in die Sitz-
position.

- 8 bis 10 Mal wiederholen.

Rollover:

- Ausgangsposition dieser Übung ist die Rü-
  ckenlage. Die Beine sind geschlossen, die
  Füße gestreckt. Lege die Arme seitlich neben den Körper.
- Nun folgt das Anheben der Hüfte. Achte darauf, dass es in einer flüssigen Bewegung
  aus dem „Powerhouse" (angespannte
  Bauchmuskeln) heraus erfolgt.
- Hebe deine Beine über den Kopf und lasse
  sie langsam nach hinten absinken, bis die
  Fußspitzen den Boden berühren. Deine
  Schultern liegen auf, die Halswirbelsäule
  wird nicht belastet.
- Aus dieser Position heraus strecke nun erst
  das linke, dann das rechte Bein zur Decke
  und halte diese Position 5 bis 10 Atemzüge.
- Dann senkst du erst das linke, dann das
  rechte Bein wieder ab, so dass es den Boden
  hinter deinem Kopf berührt.
- Diese Übung 3 Mal wiederholen und rolle
  dann langsam Wirbel für Wirbel ab, bis du
  wieder in der Ausgangsposition liegst.

SHIATSU

Shiatsu ist ebenfalls eine gute Methode, der Stressspirale zu entkommen, sich fallen zu lassen und sich zu entspannen. Ich habe Shiatsu-Behandlungen immer sehr genossen und mich danach richtig gut und regelrecht tiefenentspannt gefühlt. Vor allem tun auch die Berührungen gut. Oft wird Shiatsu auch mit Aromaölen angewandt, die zusätzlich ihre Wirkung tun.

Shiatsu kann dir dabei helfen, den Körper an sein Bedürfnis nach Erholung und Entspannung zu erinnern, indem der Parasympathikus aktiviert wird. Durch Shiatsu gelangt man zu einer besseren Körperwahrnehmung und einer natürlichen Fähigkeit zur Selbstregulation. Energetische Blockaden und auch muskuläre Verspannungen können sich auflösen.

Was sollst du über Shiatsu noch wissen:

Shiatsu ist eine fernöstliche Gesundheitslehre. Die Behandlung wird am bekleideten Körper meist auf dem Boden vorgenommen. Der Therapeut übt mit Daumen, Handflächen, Ellbogen und Knien einen Druck auf die Körperstellen und auf die Energieleitbahnen aus. Der Druck auf die Meridiane und Gelenke kann Spannungen und Blockaden auflösen und den Energiefluss wiederbeleben. Die Selbstheilungskräfte des Körpers werden angeregt.

Bei Beschwerden oder Krankheiten sollst du jedoch vorher Rücksprache mit deinem Arzt halten.

QIGONG

Qigong ist eine alte fernöstliche Lehre der Energien. Es ist ein chinesisches Übungssystem, bei dem die Einheit von Körper, Geist und Seele angestrebt wird. Durch die Übungen sollen Blockaden im Körper und Geist aufgelöst werden. Qigong kommt aus der 5000 Jahre alten chinesischen Tradition und bedeutet wiederholte Energieübungen. Es gibt mehrere Formen von Qigong. Die folgenden Übungen beschäftigen sich mit Gesundheit und Selbstheilungskräften. Gut ist es natürlich, einen Kurs mit genauer Anleitung zu besuchen.

Vorbereitung:

Es bietet sich an, die Qigong-Übungen morgens und abends zu absolvieren. Vor und nach der Arbeit sind gute Zeiten, um sich auf den eigenen Körper und den Geist zu besinnen. Der Raum, in dem du übst, soll gut gelüftet sein und eine positive Atmosphäre besitzen. Oder du übst Qigong draußen im Freien.

Qigong-Übungen:

- Stelle dich aufrecht hin, die Beine leicht parallel und schulterbreit auseinander. Lasse das Chi senken - das ist ein langsamer mentaler und körperlicher Prozess - das führt zu einer Entspannung.
- Die Arme hängen locker herab. Die Handflächen nach hinten.
- Lasse in den Achselhöhlen einen kleinen Raum.
- Konzentriere dich auf dein Steißbein und lasse es nach unten sinken.
- Stelle dir vor, ein Gewicht ist an deinem Steißbein befestigt und lässt es nach unten ziehen.
- Der Rücken wird lang.
- Stell dir vor, eine Schnur ist an deinem Kopf am Scheitelpunkt befestigt und zieht diesen langsam nach oben.
- Beobachte deinen Körper und spüre gut hin in alle Verspannungen.
- Das Erkennen von Verspannungen führt zum Loslassen der Blockaden.
- Achte darauf immer, in deiner Aufmerksamkeit von oben nach unten den Körper zu durchwandern.

Atmen:

Je tiefer du atmest, desto tiefer kann auch dein Schwerpunkt sinken. Achte auf eine natürliche und entspannte Atmung.

Stelle dir vor, wie beim Einatmen durch die Nase Energie aus der Körpermitte an der Wirbelsäule nach oben fließt und wie Energie beim Ausatmen nach unten fließt.

Versuche durch Aufmerksamkeit, keine Pausen zwischen Ein- und Ausatmen zu machen.

Das heißt, dass das Einatmen direkt in das Ausatmen übergehen soll.

Kugelübung:

Die nächste Übung findet ebenfalls im Stehen statt.
- Konzentriere dich auf deine Atmung und auf die Körpermitte.
- Stelle dir jetzt vor, dass in der Körpermitte eine Kugel rotiert.
- Wenn du eine Bewegung machst, dann bewegt sich zuerst diese Kugel und erst danach bewegt sich der Körper.
- Dein Gewicht ist gleichmäßig auf beide Füße verteilt.
- Stelle dir vor, wie diese Kugel die Körpermitte verlässt und in den rechten Fuß hineingleitet.

- Die Kugel rutscht dabei langsam nach unten, bis sie im Fuß angekommen ist.
- Unterstütze diese Vorstellung, indem du langsam das Gewicht auf das rechte Bein verlagerst. Bewege dich soweit, bis sich der linke Fuß leicht zu heben beginnt.
- Bleibe dabei aufrecht stehen.
- Stelle dir dann wieder vor, wie sich die Kugel wieder zurück in die Körpermitte bewegt.
- Bringe das Gewicht wieder gleichmäßig auf beide Füße.
- Wiederhole die Übung auf der einen Seite und komme dann auch wieder in die Mitte zurück.
- Stelle dir jetzt weiter die Kugel in deiner Körpermitte vor und nimm beide Hände vor deinen Bauch.
- Lege zuerst die linke Hand etwas unterhalb deines Bauchnabels ab.
- Lege dann die rechte Hand auf die linke.
- Konzentriere dich auf die Berührung der Hände mit dem Bauch.
- Mache kleine rotierende Bewegungen mit deinen Händen im Uhrzeigersinn.
- Bleib dabei mit den Händen in Kontakt zum Bauch.
- Wenn du dich entspannt und gut fühlst, kannst du die Übung beenden.

KINESIOLOGISCHE ÜBUNGEN ZUM STRESSABBAU

Die meisten Menschen leiden zwischenzeitlich unter Stress. Viele haben keine Zeit, Entspannung zu finden. Durch Muskeltests kann man die Auswirkungen von Stress auf den Körper erkennen.

Eine einfache Möglichkeit zum Stressabbau geht folgendermaßen (bitte eine Person, den Muskeltest durchzuführen):

- Muskeltest – Muskel hält
- Gleichen Muskeltest nochmals durchführen, während du an das Stressereignis denkst
- Wenn der Muskel nicht hält, löst dieses Ereignis Stress aus
- Stirnpunkte berühren und ca. 3-5 Minuten halten, du denkst dabei an das negative Ereignis. Stirnpunkte befinden sich zwischen Augenbrauen und Haaransatz (rechts und links)
- Finger von der Stirn nehmen
- Du denkst wieder an das Ereignis und der gleiche Muskel wird erneut getestet
- Wenn der Muskel noch nicht hält, wird der Vorgang wiederholt, wenn er hält, ist der Vorgang abgeschlossen

Überkreuzübungen verbessern die Koordination zwischen rechter und linker Körper- und Gehirnhälfte. Viele Menschen erzielen damit gute Erfolge.

Nachfolgend kommt eine wirksame Koordinationsübung, die sich an den Krabbelbewegungen eines Babys orientiert:

- Blicke geradeaus und überkreuze vor dem Körper Knie und Ellbogen, der rechte Ellbogen berührt das linke Knie und umgekehrt
- Wiederhole die Übung mit beiden Beinen zehnmal
- Mache die Übung weiter und rolle dabei die Augen im Uhrzeigersinn zehnmal
- Male dann mit den Augen eine große liegende Acht

Die Thymusdrüse spielt als Teil des Abwehrsystems gegen Immunerkrankungen eine wichtige Rolle. Sie liegt im oberen Brustbereich und ist lt. kinesiologischer Sicht mit der Herzenergie verbunden. Die Thymusdrüse schrumpft bei Stress und wird größer, wenn man sich gut fühlt.

Die folgende Übung gleicht die Körperenergie aus und stimuliert die Thymusdrüse.

Thymusdrüse aktivieren:

- Lege Finger und Daumen von beiden Händen im oberen Brustbereich auf das Brustbein
- Klopfe nun ca. 20-30 Sekunden lang im Walzertakt auf diesen Bereich
- Wiederhole die Übung, so oft du willst

EFT (EMOTIONAL FREEDOM TECHNIQUES)

EFT ist eine Methode, die mit energetischer Psychologie und Klopftechnik bzw. Klopfakupressur zusammenhängt. Je öfter man EFT übt und anwendet, umso bessere Ergebnisse kann man erzielen. EFT benutzt Meridianpunkte zur Lösung physischer und psychischer Probleme. EFT geht davon aus, dass der Grund für negative Gefühle und ihre Folgen auf Geist und Körper in der Unterbrechung des Energieflusses liegt. Gedanken an schmerzhafte Erinnerungen erzeugen Energieblockaden, die sich dann in Form von Schmerz oder psychosomatischer Fehlfunktion äußern können.

EFT ist eine psychologische Version der Akupunktur und wird ohne Nadeln angewendet. Man stimmt sich mental auf sein Problem ein und eine spezielle Sequenz von Energiepunkten wird mit den Fingerspitzen abgeklopft. EFT behandelt die Störungen im Energiefluss und lässt die Energie wieder frei fließen, das ursächliche Ereignis muss nicht behandelt werden. Blockaden und Glaubenssätze bzw. Überzeugungen, die im Unterbewusstsein gespeichert sind, können durch EFT aufgelöst werden. EFT - konsequent angewandt - kann viele Symptome einer Leidensgeschichte verringern. Die Wirksamkeit von EFT wurde in einigen Studien, vor allem in den USA und in Südamerika, belegt. Nur zur Information folgt hier der Ablauf einer EFT-Anwendung:

- Thema finden
- Einschätzung abfragen (Schwere des Problems von 1-10 selbst einschätzen)
- 3 Mal die Einstimmung sprechen und die Einstimmungszone (links unter dem Schlüsselbein) dabei massieren
- Basissequenz klopfen
- Gamutsequenz durchführen
- Basissequenz klopfen
- Einschätzung abfragen
- Das Ganze noch einmal wiederholen

Man kann EFT mit beiden Händen klopfen, d.h. zuerst die eine Seite und dann die andere Seite klopfen, es funktioniert aber auch mit Klopfen auf nur einer Seite.

Wenn man sich über EFT näher informieren möchte, gibt es sehr gute Fachbücher, in denen die genaue Lage der Meridianpunkte und die Abfolge der Klopfsequenzen beschrieben werden.

Interview Gabi V.:

Ich habe damit u.a. meine Prüfungsangst vor meiner Prüfung weg bekommen. Habe einmal ca. 10 Min. EFT gemacht und am nächsten Tag noch einmal. Am Prüfungstag habe ich nochmal 10 Min. EFT gegen meine Angst „geklopft".

Die Prüfung habe ich geschafft und das angstfrei. Also bei mir hat EFT damit eindeutig etwas bewirkt.

EFT ist auf dem Akupunkturprinzip aufgebaut, allerdings finde ich, dass auch ein großer Bestandteil Autosuggestion dabei ist.
Nach meiner Erfahrung ist eine Wirkung auf jeden Fall zu spüren."

Wer schon im Vorfeld eines drohenden Burnout-Syndroms die gestresste Seele mit der EFT-Klopf-therapie behandeln würde, könnte der Erschöpfung sicher mehr entgegensetzen.

Was uns in so einer Situation jedoch am meisten im Wege steht, sind die inneren Programmierungen, mit denen wir uns dann trotz spürbarer Leistungsschwäche überfordern.

EFT kann grundsätzlich bei negativen oder belastenden Gefühlen eingesetzt werden, egal wie lange diese Gefühle schon bestehen.

Bei Interesse an EFT sollte man sich jedoch mit der Fachliteratur und den genauen Anleitungen beschäftigen oder ein Seminar besuchen.

AKUPUNKTUR

Aus der positiven Erfahrung und einem Interview mit einer Bekannten möchte ich auch auf die Akupunktur eingehen.

Erfahrung von Heidelinde S.:

„Ich hatte Schmerzen im Bauchbereich und habe mich darum zur Akupunktur begeben. Nach der ersten Sitzung ging es mir schon wesentlich besser. Nach der zweiten Sitzung hatte ich keine Schmerzen mehr".

Akupunktur ist eine ca. 3000 Jahre alte fernöstliche, ganzheitliche und nebenwirkungsarme Heilmethode. Akupunktur hängt eng mit der traditionellen chinesischen Medizin (TCM) zusammen und ist eine Säule davon. Der Arzt behandelt dabei die Patienten mit speziellen dünnen Nadeln und setzt diese auf die dafür vorgesehenen Stellen am Körper, den sogenannten Meridianen (Energielaufbahnen).

Hauptanwendungsgebiete der Akupunktur sind die Therapie von leichten bis mittelschweren Schmerzen unterschiedlicher Arten, insbesondere Kopfschmerzen bzw. Migräne, Rücken- und Nervenschmerzen, rheumatische Beschwerden sowie Allergien.

Es gibt jedoch noch viele andere Anwendungs-
gebiete.

Manche Ärzte vermuten eine stärkere Ausschüttung von körpereigenen „Schmerzstillern", den
Endorphinen, die zur Wirkung von Akupunktur
beitragen könnten.

Außerdem werden dabei auch die Neurotransmitter
Serotonin und Melatonin vermehrt ausgeschüttet,
daher kann Akupunktur während einer chronischen
Erschöpfungsphase unterstützend eingesetzt werden. Vor allem die Begleitsymptome, wie Müdigkeit, Schlafstörungen, Nervosität und Antriebslosigkeit lassen sich gut damit behandeln.

BAUCHTANZ

Beim Tanz kann man negative Energie abbauen oder einfach die Bewegung genießen.

Der Bauchtanz ist eine uralte Tradition und heute zwar eine sinnliche Tanzform. Der Schwerpunkt liegt anders als bei vielen Tänzen im Becken- und Bauchbereich, hier wird die Kundalini-Energie aktiviert.

In erster Linie ist Bauchtanz eine gesunde und positive Art, die Bauchmuskeln zu kräftigen. Er ist gut für die Weiblichkeit, hilft gegen Verspannungen und Depressionen.

Achter:

Der Achter ist die Grundfigur des Bauchtanzes. Halte dabei den Oberkörper gerade und achte darauf, die Bewegung aus der Hüfte heraus zu machen. Halte das Gleichgewicht, indem du einen Arm beugst und den anderen zur Seite streckst. Deine Füße stehen hüftbreit und deine Knie sind leicht gebeugt. Bewege jetzt die rechte Hüfte nach vorne und wieder zurück. Mache ohne Pause dieselbe Bewegung mit der linken Hüfte. Zwischen den Bewegungen sollen die rechte und die linke Hüfte eine liegende Acht beschreiben.

BEWEGUNG/SPORT

Unser Körper ist bei Stress auf Kampf oder Flucht ausgerichtet, dabei setzen wir Hormone frei, die wir auf der Couch nicht abbauen können. Das heißt, was hilft ist Bewegung. Welcher Stress- bzw. Bewegungstyp man ist, muss man wohl selber herausfinden. Ich möchte nachfolgend Bewegungsformen und Beispiele zum Abbau von Stress aufzeigen, die ich selbst ausprobiert habe und teilweise noch immer regelmäßig ausübe, und gebe einen Einblick in die klassischen Methoden:

Lauftraining:

Eine gute Möglichkeit, Stresshormone abzubauen, ist ein Lauftraining. Die motorische Handlung bewirkt allein schon einen Spannungsabbau, das Herz wird gestärkt und die Atmung wird tiefer. Jogging fördert das Gehirn-Leistungsvermögen, wie viele Studien bereits belegen.
Menschen, die laufen, fühlen sich besser, das Bedürfnis nach Wohlbefinden ist eines der stärksten Motive zum Joggen.

Schon 20 bis 30 Minuten genügen, um positive Gefühle aufkommen zu lassen. Man fühlt sich entspannt und energiegeladen. Man bleibt dadurch fit und konzentriert.

- Körperliche und seelische Ausgeglichenheit, welche ein gewisses in sich Ruhen bewirken kann.
- Weniger Ausbrennen und weniger Frust
- Jogger haben insgesamt weniger Depressionen als Nichtsportler. Bei Menschen, die mit dem Laufen beginnen, senken sich die Depressionswerte.
- Körperarbeit und Ablenkung
- Naturerlebnis und Bewegung, daraus ergibt sich häufig ein regelrechter Gedankenstopp.

Für Laufanfänger:

2-3 Mal die Woche ein regelmäßiges leichtes Lauftraining. Ich empfehle dir, beginne mit ca. 20-25 Minuten abwechselndem Gehen und Laufen. Die ersten Tage ist es auch durchaus empfehlenswert, zügig 2-3 Mal die Woche zu gehen und danach erst langsam zwischen Gehen und Laufen abzuwechseln. Z.B. 5 Mal 2 Minuten laufen und mit einer 2-minütigen Gehpause abwechseln.

Du spürst dann nach 2-3 Wochen in etwa, dass es möglich wird, die 20-25 Minuten langsam durchzulaufen. Danach kannst du dein Pensum auf 35 Minuten langsam ausdehnen.

Langsam kannst du dein Lauftraining dann innerhalb von 2-3 Monaten auf bis zu 1 Stunde ausbauen. Bis dahin ist es gut, die Laufzeiten langsam zu steigern und immer wieder mit 2 Minuten gehen abzuwechseln.

Positiver Begleiteffekt: stimmungsaufhellende Endorphine werden bei den Ausdauersportarten, wie Laufen und Langlaufen freigesetzt.

Wandern:

Sich auf die Umgebung einzulassen, wird beim Bergsport trainiert. Für sehr unruhige Menschen sind auf alle Fälle Bergwanderungen gut. Du lässt dich dabei auf die Umwelt ein und machst einen Schritt um den anderen. Die Zerstreutheit lässt dabei nach und du wirst ruhiger.

Ausdauerndes Gehen übt, ähnlich wie ein langsamer Dauerlauf, Einfluss auf den Fettstoffwechsel und das Immunsystem aus. Wenn zusätzlich einige Puls beschleunigende Anstiege zu bewältigen sind, profitiert auch der Kreislauf davon.

Dabei spielt eine gewisse Regelmäßigkeit eine maßgebliche Rolle, es wird das Risiko, an Herz-Kreislauf-Störungen zu erkranken, signifikant gesenkt.

Auf Gelenke und Muskulatur kann sich die Bewegung ebenfalls vorteilhaft auswirken, durch das Gehen findet eine Stoßbelastung der Wirbel-

säule statt und beugt Osteoporose vor. Wander-
stöcke entlasten beim Bergabgehen die bean-
spruchten Kniegelenke, ihr Einsatz ist daher bei
Knieproblemen vernünftig.

Auf jeden Fall ist Wandern ein hervorragendes
Präventionsmittel. Bewegung im Grünen beruhigt
und wirkt Stress entgegen. Du solltest aber auch
hier langsam - ähnlich wie beim Lauftraining - dein
Leistungspensum erhöhen, damit sich die Muskulatur an die Bewegung gewöhnen kann. Gib
deinem Körper Zeit, sich auf die Anforderungen
einzustellen.

Um möglichst viel zu profitieren, ist es wichtig,
eine Regelmäßigkeit beim Wandern zu finden. 2-3
Mal die Woche werden Stresshormone abgebaut,
du fühlst dich wesentlich ausgeglichener und
entspannter. Ein weiterer positiver Begleiteffekt ist,
dass Wandern die Lebenserwartung, wie in zahlreichen Studien nachgewiesen, steigert.

Eine weitere Möglichkeit wäre, einen Pilgerweg zu
gehen. Es muss ja nicht der lange Jakobsweg sein,
auch in Deutschland und Österreich gibt es eine
Auswahl solcher Wege, die auch wesentlich kürzer
sind. Pilgern trägt zur Selbstfindung bei und man
hat dabei Zeit, über sein Leben nachzudenken.

Den gleichen Effekt erreicht man auch, wenn man
sich für eine Woche oder länger auf eine einsame
Almhütte in den Bergen zurückzieht. Von dort aus

kann man dann verschiedene Wanderungen unternehmen. Durch die gesunde Höhenluft regeneriert sich unser Nervensystem und durch das einfache Leben ohne Reizüberflutung findet man zur inneren Mitte zurück.

NATURERLEBNISSE

Die Natur, vor allem der Wald, bringt uns Ruhe und Entspannung.

Und erinnere dich selbst an das Gefühl, wenn du beladen mit Stress und Sorgen den Wald betrittst, dann einen tiefen Atemzug nimmst und dann ausatmest. Fast jeder, den ich kenne, weiß um die beruhigende Wirkung der Natur. Wir können abschalten und entspannen. Diese wohltuende Eigenschaft ist uns allen klar, eigentlich ohne dass es dafür großartige wissenschaftliche Erkenntnisse braucht.

Ich möchte auch aus eigener Erfahrung auf die wohltuende Wirkung, einen Baum zu umarmen, hinweisen. Was wir mögen, umarmen wir. Wer einen Baum umarmt, der richtet die Aufmerksamkeit auf diesen Baum, spürt seine Oberfläche und nimmt die gesamte Lebensenergie des Baumes in sich auf. Hierdurch kann man die Natur ganz anders wahrnehmen und spüren.

Der Baum ist uns Menschen viel näher, als es uns eigentlich bewusst ist: Er steht wie wir aufrecht und der Baum wächst und vergeht, er hat seinen Frühling, Sommer, Herbst und seinen Winter.

Es gibt manche Weisheiten, die in die Richtung der Bäume und Wurzeln verweisen z.B.: Verliert ein

Mensch "den Boden unter den Füßen", dann sprechen wir davon, dass er "entwurzelt" ist. Wir haben einen "Familien-Stammbaum" oder wir begeben uns auf die "Suche nach unseren Wurzeln". Wir lieben das Licht, wachsen und recken uns stets in die Höhe. Manch einer ist "baumstark" oder "aus gutem Holz geschnitzt".

Obwohl beinahe jeder die wohltuenden Eigenschaften des Waldes kennt, gibt es jetzt neueste Untersuchungen und Forschungen aus Fernost dazu.

In Japan hat sich daher eine eigene Forschungsrichtung rund um das Bäume-umarmen etabliert: Die "Shinrin-Yoku" (Waldbaden).

Wer die Wirkung der Natur selbst noch nicht gespürt hat, den überzeugen vielleicht Forschungsergebnisse aus Japan: Spaziergänge im Wald senken demnach die Herzfrequenz besser gegenüber vergleichbaren Spaziergängen in der Vorstadt.

Ein Aufenthalt von 20 Minuten im Wald senkt neben der Herzfrequenz auch die Cortisol-Werte, den Blutdruck und die Sympathikus-Aktivität. Die parasympathische Aktivität nimmt dagegen zu, was zu einer deutlich spürbaren Entspannung führt.

Dr. Qing Li ist Professor an der Nippon Medical School in Tokio, wo Wald-Medizin gelehrt wird.

Seine Tipps zum Waldbaden:

- Mache einen Spazier- oder Wanderplan nach deiner persönlichen Konstitution.
- Du solltest beim Waldbaden nicht müde werden.
- Wenn du müde wirst, kannst du dich überall, wo du möchtest, ausruhen.
- Wenn du durstig wirst, solltest du Wasser oder Tee trinken, wo immer du möchtest (beim Planen deines Waldbades daran denken, etwas mitzunehmen).
- Wenn du nur einen halben Tag Waldbaden möchtest, dann solltest du mindestens 2 Stunden im Wald bleiben und etwa 2,5 Kilometer zurücklegen.
- Bitte finde einen Platz im Wald, der dir gefällt.
- Du kannst dort sitzen und lesen oder einfach nur die schöne Landschaft genießen.
- Wähle das Waldbaden ganz nach deinen persönlichen Zielen aus.
- Wenn du möchtest, nimm nach dem Waldbaden zu Hause ein warmes Bad.

Wenn du dein Immunsystem steigern willst (die Anzahl und die Aktivität deiner Killerzellen erhöhen willst), empfiehlt Dr. Li ein dreitägiges Waldbad zu nehmen (etwa 1 Mal im Monat, da die erhöhte Aktivität der Killerzellen nach einem dreitägigen Aufenthalt etwa 30 Tage anhält). Wenn du "nur" den Stress reduzieren willst, empfiehlt Dr. Li einen Tagesausflug in ein Waldgebiet in deiner Nähe. Dr. Li sagt auch, "dass es während des Waldbadens nicht wichtig ist, sich körperlich zu verausgaben, sondern man sollte den Wald mit allen fünf Sinnen genießen: das Murmeln eines Baches, Vogelgesang, grüne Farbe, Duft des Waldes, etwas aus dem Wald essen und einfach die Bäume umarmen".

Quelle: https://www.waldbaden.com/shinrin-yoku-waldbaden

Kraftplätze

Es gibt viele Kraftplätze, diese können auch dort sein, wo man sich besonders wohlfühlt. Viele regionale Reiseführer weisen auf Kraftorte und Kraftplätze hin. Ein Kraftort ist ein Ort, auf welchen man positiv reagiert. Die Wirkung eines Ortes entsteht durch Kreuzungen von verschiedenen Erdenergien, auf die alle Wesen eine Reaktion zeigen.

Wichtig ist es, sich an einem Ort wohl zu fühlen und Orte zu vermeiden, die einem ein ungutes Gefühl vermitteln. Miteinbeziehen muss man jedoch, dass Erleben immer auch vom Körper- und Energiezustand abhängig ist. Um einen seelischen und körperlichen Entspannungszustand zu erreichen, können die natürlichen Energiekräfte von

Orten der Kraft behilflich sein.

In Therapien oder auch Schmerztherapien werden bei Übungen oder Fantasiereisen Orte der Kraft zur Entspannung genutzt. Das sind Orte, an denen man sich besonders wohlfühlt und mit seiner inneren Aufmerksamkeit dort hingeht. In sich selbst hinein spüren ist dabei wichtig, der Ort sollte einem auf keinen Fall negative Gefühle vermitteln, auch Kopfschmerz weist auf eine nicht positive Resonanz hin. Man sollte sich langsam und beständig auf die Resonanz und auf das Aufsuchen von Kraftorten einstellen und man profitiert sicher davon, indem sich die eigene Sensitivität mit der Zeit erhöht. Einmal pro Woche sich Zeit zum Auftanken an einem Kraftort zu nehmen, tut Körper, Geist und Seele gut. Die Regelmäßigkeit in der Aufsuchung eines Kraftplatzes kann einem helfen, innere Ruhe und Entspannung zu finden.

Viele Kraftplätze können zu mehr Ruhe, Überblick und Klarheit verhelfen, um einen nächsten notwendigen Schritt zu tun. Berge, Klöster und Kapellen am Berg werden dafür besonders gerne aufgesucht.

Das Aufsuchen von Kraftplätzen kann ebenso dabei helfen, mehr Gelassenheit und ein tieferes Mitgefühl für sich selbst und seine Mitmenschen zu entwickeln. Schon nach wenigen Aufenthalten an Kraftplätzen können sich erste positive Auswirkungen bemerkbar machen.

Ich möchte regional bezogen nicht detailliert darauf eingehen, das würde zu weit ausufern. Sicher ist, unsere Vorfahren richteten auf Plätzen mit besonders hoher Erdstrahlung ihre Kultplätze ein.

Es gibt viele Bücher und Hinweise, wo sich Kraftplätze in der Nähe befinden.

Hinweise der Natur:

Misteln, Eiben und Wacholder weisen darauf hin, dass dort, wo sie wachsen, ein Austausch mit der Erde möglich ist. Den Germanen waren Plätze, an denen Wacholderbüsche wuchsen, heilig, niemand wagte es, dort etwas abzuschneiden. Auch Weißdorn ist eine Pflanze, die an alten Kultplätzen oft zu finden ist. Misteln haben die Fähigkeit, Reizstrahlungen zu neutralisieren, sie helfen also ihrem Wirtsbaum, an einem schwierigen Platz zu überleben.

Quelle: http://www.kraftort.org//

AFFIRMATIONEN

Die Energie folgt der Aufmerksamkeit und darum ist es wichtig, die Gedanken positiv auszurichten und zu formulieren. Dinge, die du nicht in deinem Leben haben willst, möglichst wenig bzw. nicht beachten. Ganz klar, das ist manchmal leichter gesagt als getan, aber versuche es, soweit es geht.

Es gibt eine Vielzahl von positiven Affirmationen. Kurze Sätze sind wirksamer als lange. Keine Verneinungen verwenden und in der Gegenwart formulieren.

Bringe dich in eine positive Stimmung, lächle wenn es geht dabei. Es ist erwiesen, auch ein künstliches Lächeln bewirkt eine positivere Stimmung. Wiederhole die Affirmationen 5 Mal laut.

Hier ist eine kleine Auswahl von positiven Affirmationen:

Erfolg:
- Ich konzentriere mich auf das Positive
- Ich bin glücklich und erfolgreich, weil ich es will
- Ich bin gut darin, Wohlstand zu erzeugen
- Ich verfüge jederzeit über passende Methoden, Geld und Kontakte
- Ich habe es verdient, ein gutes Leben zu haben

- Ich verfolge und erreiche meine Ziele
- Ich werde gut bezahlt

Gesundheit:

- Mein Geist beeinflusst meinen Körper positiv
- Ich bin liebenswert
- Ich bin wertvoll
- Ich achte auf mein Denken und wähle bewusst gesunde Gedanken
- Ich liebe jede Zelle meines Körpers
- Ich bin und bleibe jung und dynamisch
- Heilende Energie strömt durch meinen Körper

Beziehungen und Partnerschaft:

- Meine Beziehungen sind harmonisch
- Ich liebe mich und bin es wert, geliebt zu werden
- Ich weiß, dass mein Traumpartner existiert und dass wir uns begegnen werden
- Danke für den liebevollen Partner an meiner Seite
- Es kommt zu mir, was gut für mich ist
- Ich vertraue meinen Mitmenschen und sie vertrauen mir

Zum Abschluss möchte ich noch anmerken, es kann sehr hilfreich sein, wenn du dir Ziele als bereits eingetroffen vorstellst. Das heißt, vor deinem inneren Auge siehst und spürst du bereits, wie es ist, wenn dein Ziel sich verwirklicht hat.

Noch wirksamer können Affirmationen wirken, wenn du deine Imaginationskräfte aktivierst und dir positive Erlebnisse aus deiner Vergangenheit ins Gedächtnis rufst und diese Situation visualisierst, dazu eine Übung:

- Nimm die rechte oder die linke Hand und drücke leicht mit dem Daumen und dem Zeigefinger der einen Hand auf die Schwimmhäute der anderen Hand. Das Drücken dieses Punktes setzt Endorphine frei.
- Erinnere dich an eine konkrete Situation, in der du dich sehr gut gefühlt hast, z.B. Urlaub.
- Versetze dich nochmals in diese positive Situation. Nimm deine Gefühle in dieser Situation wahr und versuche, sie so genau wie möglich zu spüren.
- Wenn du das Gefühl sehr intensiv spürst, drücke den Punkt zwischen Daumen und Zeigefinger für ca. 3 Sekunden.
- Nach einer kurzen Pause drücke wieder den Punkt und nimm dieses Erlebnis wieder intensiv wahr.

AUTOGENES TRAINING

Beim Autogenen Training konzentriert man sich nacheinander auf einzelne Körperteile. Es ist eine Methode, die mit Autosuggestionen arbeitet.

Autogenes Training war meine erste Erfahrung im Bereich der Entspannungsmethoden. Die Konzentration auf Wärme und Schwere in lockerer Körperhaltung helfen einem zu entspannen.

Autogenes Training in Kurzform:

- Setze dich in einer entspannten Körperhaltung auf einen Sessel. Die Arme liegen locker auf den Oberschenkeln.
- Schließe die Augen und sage dir: Ich bin ganz ruhig, mich kann nichts stören.
- Sage dir dann gedanklich: Meine Arme und Beine sind ganz schwer.
- Bleibe ein-zwei Minuten bei der Schwereübung, danach sage dir: Meine Arme und Beine sind ganz warm. Bleibe auch wieder etwas länger bei der Vorstellung.
- Danach sage dir: Mein Atem fließt ruhig und gleichmäßig. Versuche den Atem aber nicht zu beeinflussen.
- Jetzt sagst du dir: Mein Herz schlägt ruhig und gleichmäßig. Oder wenn dir das unan-

genehm erscheint: Mein Puls ist ruhig und gleichmäßig.

- Anschließend konzentrierst du dich auf dein Sonnengeflecht im Zentrum deines Bauches und sagst dir: Mein Sonnengeflecht ist strömend warm.
- Die Kopfübung hilft dir für bessere Konzentration: Mein Kopf ist klar, meine Stirn ist kühl.
- Abschließend Arme fest anspannen und tief Luft holen und Augen auf.
- Strecke dich stark durch und atme ein paarmal mit gestreckten Armen tief fest ein und aus, das ist wichtig, damit du wieder gut in die Realität zurückkommst!

HYPNOSE UND SELBSTHYPNOSE

Den Zustand, den man bei einer Hypnose normalerweise erreicht, ist ein tiefer Entspannungszustand. Bei der Hypnose hilft einem ein Hypnotiseur, in die Hypnose einzutreten. Es geschieht nur,
wenn man es zulässt, niemand wird gegen seinen
Willen so stark beeinflusst, dass etwas, was man
nicht will, wahr werden kann.

Es ist eher so, dass man versunken die Umwelt
ausschaltet. In diesem Zustand produziert das Gehirn vornehmlich Alphawellen. Dadurch ist die
Aufmerksamkeit nach innen gerichtet und das Un-
bewusste erwacht. Es entstehen dadurch Bilder und
Gefühle.

Mit diesen Eindrücken arbeitet der Hypnotiseur
und kann dadurch zusätzlich tiefe Entspannung, die
auch nachhaltig wirkt, erreichen. Dabei manipuliert
ein verantwortungsvoller Therapeut nicht, sondern
hilft dem Patienten, Fähigkeiten zu nutzen, die ihm
vorher nicht bewusst waren.

Bei der Selbsthypnose lässt sich meist ein nicht so
tiefer Entspannungszustand erreichen, aber ich
möchte ein paar unkomplizierte Übungen anführen.
Zum Runterkommen nach einem anstrengenden
Tag kannst du folgende, einfache Selbsthypnose
anwenden:

- Zähle in Gedanken von 10 bis 1, und mit jeder Zahl, die du runter zählst, wirst du ruhiger und entspannter.
- Wenn du bei 1 angekommen bist, bist du ganz tief entspannt und ruhig.
- Dann zähle in Gedanken langsam von 10 bis 1, und nach jeder Zahl sagst du dir: Immer ruhiger und entspannter.
- Spüre nach, wie du dich nach einigen Wiederholungen fühlst.

Eine weitere Selbsthypnosetechnik ist:
- Lege oder setze dich bequem hin.
- Schließe deine Augen. Gehe mit deinem Aufmerksamkeitsfokus jetzt vom Scheitel bis zur Sohle von einem Körperteil zum nächsten.
- Halte jeweils kurz inne... spüre dann, wie sich dein Körperteil anfühlt... und sage dir jeweils zweimal in Gedanken: „(Körperteil z.B. Hand) kann jetzt entspannen".
- Spüre nach. Wenn du mit allen Körperteilen durch bist, dann vertiefe die Entspannung, indem du von 10 bis 1 zählst.

Wer Hypnose als Entspannungsmethode für sich nutzen möchte, kann sich auch einen guten Hypnotiseur, dem man vertraut und in dessen Hände man sich gerne begibt, suchen. Es gibt überdies hinaus ebenso die Möglichkeit, Hypnose auf mp3 oder CD zu kaufen, auch da gibt es bereits sehr gutes Material auf dem Markt.

SCHLAF

Um uns erholen zu können, ist es wichtig, mindestens 6 Stunden (bei Burnout 7-8 Stunden) zu schlafen, obwohl das individuelle Schlafbedürfnis von Mensch zu Mensch abweicht. Es zu akzeptieren, dass Körper und Geist sonst nicht gut zur Ruhe kommen können, ist ein wichtiger erster Schritt.

Sage dir stattdessen: ich habe Vertrauen zu dir, mein Körper, du wirst dir den notwendigen Schlaf schon holen.

Du kannst deine Gedanken auch auf einen Zettel Papier bringen, wenn du wieder mal nicht schlafen kannst. Wenn dich Sorgen am Schlaf hindern, sag ihnen: Stopp, das ist jetzt nicht eure Zeit, ich werde mich morgen mit euch beschäftigen.

Wenn du länger als eine halbe Stunde wach im Bett liegst und nicht schlafen kannst, dann lies etwas, mache Entspannungsübungen, geh erst wieder ins Bett, wenn du müde bist.

Konzentriere dich auf deinen Atem und benutze eine Atemtechnik:

Atme in den Bauchraum und lass den Atem langsam wieder ausströmen. Dann halte den Atem an und zähle von 10001 bis 10006, danach wiederhole das Ein- und Ausatmen und das Atemanhalten während des Zählens. Mach das ein paar Minuten, bis du dich ruhig fühlst.

Gut tut auch, dir vor dem Einschlafen einen sicheren Ort, an dem du dich wohl und geborgen fühlst, vorzustellen. Mache das Bild ganz lebendig in dir und stelle dir so gut es geht vor, wie wohl du dich dort fühlst.

Bewegung, Sport, jedoch nicht zu spät am Abend, reduziert seelischen Stress. Das Bett nur zum Schlafen benutzen, jedoch nicht zum Lesen oder Fernsehen.

Es gibt sehr gute Tonträger, die als Entspannungshilfe dienen. Diese „Schlaf-CDs" sind zur Stressverminderung entwickelt worden und sie synchronisieren die beiden Gehirnhälften. Sie geben Impulse, leiten Entspannungsübungen, vermitteln positive Bilder und ermöglichen Phantasiereisen.

Ich kann diese CDs aus eigener Erfahrung gut weiterempfehlen. In Zeiten, in denen ich massive Durchschlafstörungen hatte, haben mir die beruhigende Sprechstimme und die langsamen Anweisungen gut geholfen, wieder in den Schlaf zurückzufinden.

Eine bessere Schlafqualität erreicht man auch durch Zirbenholz-Möbel im Schlafzimmer oder durch ein Zirbenkissen. Die im Holz enthaltenen ätherischen Öle duften angenehm, können die Herzfrequenz senken, haben eine beruhigende Wirkung auf das Nervensystem und sorgen so für einen erholsamen Schlaf.

Begrenze deine Schlafdauer:

Gut ist es, wenn du die Zeit im Bett auf den Zeitraum beschränkst, in dem du auch wirklich schläfst. Wenn du zum Beispiel normalerweise acht Stunden im Bett liegst, aber nur sechs Stunden schläft, solltest du versuchen, auch nur sechs Stunden im Bett zu verbringen. Diese Anpassung könnte dir helfen, herauszufinden, wie lange du am besten im Bett bleibst, um nachts gut schlafen zu können.

Wenn deine Schlafstörungen länger als 4-6 Wochen andauern, solltest du mit deinem Arzt Rücksprache halten.

ENTSPANNUNG MIT MUSIK

Rhythmus und Melodie beeinflussen nicht nur Atmung und Puls, sondern auch die Nerven und die Drüsen. Es werden bei angenehmer, harmonischer Musik im Gehirn jene "Drogen" gebildet, die den Schmerz blockieren, die Stimmung heben und ausgleichend wirken. Im Prinzip ist sicher ruhige und melodiöse Musik gut für die Nerven. Aber natürlich ist das individuell von Mensch zu Mensch verschieden.

Die Musiktherapie ist eine komplementäre Methode, bei der Musik zur Behandlung von psychischen Störungen eingesetzt wird. Dabei wird mit Hilfe eines Psychotherapeuten entweder selbst musiziert oder Musik gehört.

Es gibt sogar Melodien, die bei Schlafstörungen wirken sollen und speziell dafür komponiert wurden. Sie können die Schlafqualität verbessern, indem sie das vegetative Nervensystem positiv beeinflussen.

MALEN

In meiner Arbeit mit Kindern macht sich immer wieder die wohltuende, kreative und fokussierende Wirkung von verschiedenen Malprojekten bemerkbar.

Die Kinder sind ruhig und völlig mit ihrer kreativen Arbeit beschäftigt. Ebenso ist Mandala-Malen eine Entspannungsmethode auch für Erwachsene. Die Gedanken beruhigen sich dabei, die Konzentration wird gefördert und man kann dadurch gelassener werden.

Die Kinder lieben es, Mandalas auszumalen, warum nicht wir Erwachsene auch? Angeblich benutzte C.G. Jung das Mandala-Malen in seiner Therapie, um den seelischen Zustand eines Menschen abzulesen und seine Persönlichkeit dadurch zu stärken.

Ausprobiert habe auch ich das Mandala-Malen und konnte für mich eine beruhigende und konzentrationsfördernde Wirkung feststellen.

Interview Evi F.:

„Habe das Malen in einer einsamen, fast panischen Stimmung begonnen und kürzlich auch an so einem grauen, sinnentleerten Sonntagnachmittag. Dabei habe ich nicht einmal richtige Farben - dafür aber schöne Kreiden. Ich glaube, es ist die Konzentration. Wenn ich da 1 bis 2 Stunden lang versuche, eine Vorstellung, eine Stimmung sichtbar zu machen - oder etwas aus der Natur wiederzugeben, ein Porträt nach einem Foto zu zeichnen - was auch immer, dann haben keine anderen Gedanken mehr Platz. Ich begebe mich raus aus dieser negativen Gedankenspirale, bin ganz woanders mit meiner Wahrnehmung. Und jedesmal war ich danach in angenehmerer Verfassung, fühlte mich belebt. Pause von mir selbst und noch dazu ein Produkt, ein Werk in den Händen - das ist befriedigend. Natürlich darf man sich keinen Druck machen, dass man tolle Bilder machen muss, was kommt, das kommt. Einem selbst hat es immer etwas zu sagen".

FARBTHERAPIE

Die Farbtherapie ist eine alternative Naturheil-
methode, die sich mit der Wirkung von Farben auf
unsere Psyche beschäftigt. Sie wird aber auch zur
Vorbeugung von Krankheiten und zur Behandlung
von körperlichen Beschwerden unterstützend eingesetzt.

Jede Farbe besitzt eine andere Wellenlänge und
Schwingung, die über die Haut und die Augen auf
den menschlichen Körper übertragen werden.

Die Wirkung der Farbtherapie mit Bestrahlung zielt
auf das Biophotonenkraftfeld, mit dem die Zellen
des gesamten Körpers umgeben sind. Bei gesundheitlichen Störungen ist dieses Kraftfeld nicht im
Gleichgewicht.

Unser Wohlbefinden wird durch jede Farbe verändert. Man sollte nur eine Farbe pro Sitzung wählen,
damit eine optimale Wirkung erreicht wird. Die
Zeit der Bestrahlung sollte ca. 15-20 Min. sein. Je
nach Farbe können verschiedene Körpersysteme
angesprochen und aktiviert werden.

Die Farbschwingungen beeinflussen sogar die Vor-
gänge im Gehirn und unser vegetatives Nervensystem positiv, deshalb ist die Farblichttherapie auch
zur unterstützenden Behandlung von seelischen

Problemen, Erschöpfungszuständen und Schlafstörungen geeignet.

Bei der sogenannten Farbakupunktur werden die Akupunkturpunkte des Körpers nicht mit Nadeln angeregt, sondern mit farbigem Licht bestrahlt, um den Energiefluss zu aktivieren und Blockaden zu lösen.

Ebenso gibt es noch eine Unterart der Farbtherapie, das ist die sogenannte "Aura Soma"-Therapie. Bei dieser Behandlungsmethode gibt es eine Reihe von zweifarbigen Flüssigkeiten, aus denen sich ein Patient diejenigen auswählt, die ihn am meisten ansprechen. Die Kombination der gewählten Farben wird dann vom Therapeuten interpretiert und dann auf den vom Therapeuten empfohlenen Stellen der Haut aufgetragen (weitere Erläuterungen folgen unter „Aura Soma").

Farbtherapie zur Selbstbehandlung:

Die einfachste Methode, sich mit Farben selbst zu behandeln, ist, sich von einer farbigen Lampe bestrahlen zu lassen. Prinzipiell ist jede Farblampe dafür geeignet, welche über einen gewünschten Farbfilter verfügt. Die Anwendungszeit sollte dabei nicht mehr als 15-20 Minuten betragen.

Man kann die heilende Wirkung auch mit angenehmen Düften, wie die eines Räucherstäbchens oder eines Aroma-Öls, und mit Entspannungsmusik untermalen.

Die Bedeutung der wichtigsten Farben:

- Rot: Lebenskraft, Energie, Aktivität, Entschlossenheit, Vitalität, belebende Wirkung
- Blau: Ruhe, Entspannung, Gelassenheit, Regeneration, ausgleichende Wirkung
- Grün: Heilung, Ruhe, Regeneration, Entspannung, Zufriedenheit, Balance, Harmonie, Wachstum
- Gelb: stimmungsaufhellend, Optimismus, Leichtigkeit, Kreativität, Klarheit, konzentrationsfördernd
- Orange: Vitalität, Freude, Geborgenheit, gegen Antriebslosigkeit
- Violett: Spiritualität, Weisheit, Frieden, für seelisches Gleichgewicht, bei psychischen Störungen, für Meditationen

AURA SOMA

Grundlage der Aura-Soma-Therapie ist die Theorie, dass Lieblingsfarben immer Ausdruck des inneren Selbst sind. Es gibt bei Aura Soma sogenannte Balanceflaschen, sie sind mit farbiger Schwingungsenergie gefüllt, zu je einer Hälfte mit buntfarbigem Öl und zur anderen Hälfte mit gleichem oder andersfarbigem Wasser. Zusätzlich gibt es auch noch einfarbige Pomanderflaschen und Duftessenzen.

Diagnostische Hinweise geben nicht nur die Farbe, sondern auch die Bläschen, die durch das Schütteln der Öl-Wasser-Mischung entstehen. Anschließend sollen die Essenzen auf den Körper aufgetragen werden.

WELLNESS UND SPA

Um das Thema Wellness ist ein regelrechter Hype entstanden. Wahrscheinlich auch, weil sich immer mehr Menschen ausgepowert fühlen und das Thema Gesundheit wesentlich wichtiger als noch vor Jahrzehnten geworden ist. Grundsätzlich dient ein Wellness-Urlaub vor allem der Entspannung und er setzt sich aus Wohlbefinden und gesundheitsfördernden Maßnahmen zusammen. Inwieweit ein kurzer Wellnesstrip auf längere Sicht als gesundheitsfördernd reicht, muss sich wohl jeder selbst beantworten. Als wohltuend empfinden sicherlich viele Menschen die vielfältigen Wellnessangebote.

Auf alle Fälle sind Wellnesseinrichtungen auf folgenden Grundlagen aufgebaut:

- Bäder mit Kalt- und Warmwasserbecken
- Saunas und Dampfbäder
- Entspannungszonen
- Thermalbecken
- Fitness- und
- Massageangebote
- Kneipp-Anwendungen
- Ernährungsprogrammen
- Gesichtsbehandlungen uvm.

Saunagänge:

Die Körpertemperatur steigt dabei um ein bis zwei Grad, die Blutgefäße erweitern sich, die Herzfrequenz steigt an und auch die Muskeln entspannen sich.

Der Körper verliert während eines Saunabesuches ca. 1-2 Liter Körperflüssigkeit, daher soll nachher viel getrunken werden, um den Verlust wieder auszugleichen.

Regelmäßige Saunagänge wirken sich eindeutig positiv auf die Gesundheit aus: Sie

- stärken das Immunsystem.
- können Erkältungen vorbeugen.
- haben eine positive Wirkung auf die Atemwege, unterstützen die Bronchien, begünstigen die Sekretabsonderung und helfen, wieder frei durchzuatmen.
- regen den Stoffwechsel an.
- unterstützen, Schlackenstoffe auszuscheiden.
- fördern die Durchblutung.
- beleben den Kreislauf.
- lindern Hautprobleme.
- lösen Muskelverspannungen.
- helfen gegen Schlafstörungen.
- können Stress, Nervosität und Ruhelosigkeit vermindern.

Abgesehen davon haben Saunagänge eine beruhigende und entspannende Wirkung auf unseren Körper und Geist. Die Duftessenzen und Spezialaufgüsse fördern auch unser generelles Wohlbefinden.

Ein Saunabesuch ist nicht für jeden geeignet, daher sollte man vorher mit einem Arzt sprechen.

Bürsten und Massieren:

Nach dem Duschen und Abtrocknen des Körpers wird mit einer Sisalbürste von unten nach oben und von außen nach innen gebürstet, und zwar immer nur ein Bürstenstrich an der gleichen Stelle. Anschließend wird mit einem angenehm riechenden Körperöl jeweils von unten nach oben, von außen nach innen zum Herzen hin der ganze Körper einmassiert. Da die Haut noch leicht feucht ist, entsteht eine Öl-Wasseremulsion, die sehr schnell in die Haut eindringt.

Diese Maßnahme bewirkt ein sehr angenehmes Wachheits-, Lebendigkeits- und Wohlgefühl im Körper. Zugleich erhält der Körper durch das Öl wichtige Fettsäuren. Dadurch, dass man sich täglich verwöhnt, verbessert sich das Körpergefühl.

Kneipp-Anwendungen:

Der Pfarrer Sebastian Kneipp beschäftigte sich im 19. Jahrhundert mit der Heilkraft des Wassers, entwickelte aber auch eine ganzheitliche Gesundheitslehre mit den 5 Säulen „Wasser, Heilpflanzen, Bewegung, Ernährung und Lebensordnung". Die Inhalte dieser Säulen und seine Ansichten von damals sind heute wieder aktuell und haben nichts von ihrer Bedeutung verloren.

Auch bei Stress, Anspannung und Erschöpfungszuständen kann die Wassertherapie von Pfarrer Kneipp unterstützend eingesetzt werden. Bei Schlafstörungen und nervösen Beschwerden ist vor allem das Wassertreten oder das Tautreten (barfuß gehen auf taunassem Gras) empfehlenswert.

Im Bereich „Lebensordnung" rät er zu genügend Schlaf, Entspannung, Ausgeglichenheit, Harmonie und innerer Balance.

FLOATING

Beim Floating treibt man in einem hochkonzentrierten Salzwasserbecken. Man schwimmt auf der Wasseroberfläche, ohne wirklich Bewegungen machen zu müssen. Das Besondere ist, die Becken sind abgeschlossen und man befindet sich in völliger Dunkelheit.

Darum geht es beim Floating auch, nichts zu hören und zu sehen, sondern einfach nur zu „schweben" und zu fühlen. Floating wird auch im therapeutischen Bereich, beim Burnout-Syndrom, im Stressmanagement und bei Suchterkrankungen eingesetzt. Viele Anhänger von Floating sind überzeugt, dass das Treiben im Wasser Stress reduziert.

Es gibt einige Gegenanzeigen, wo Floating nicht empfohlen wird, z.B. bei Klaustrophobie, Neigung zu Thrombosen und einigen mehr. Bei Interesse an Floating erkundige dich am besten an direkter Stelle. Floatingbecken gibt es in vielen größeren Städten.

MASSAGEN

Massagen wirken ganzheitlich auf Körper und Geist. Sie können Blockaden lösen und die Chakren und Meridiane freier fließen lassen.

Es gibt unterschiedliche Zugänge, wie klassische Methoden, tibetische Energiemassagen, Fußreflex-zonen-, Akupunktur-, Hot-Stone- und Dorn-Breuss-Massagen, Lymphdrainagen, Lomi Lomi Nui uvm.

Eine mögliche, einfache Form ist die tibetische Bauchmassage. Die Übung kann den Energiefluss stimulieren, da der Bauch als der Sitz der Vitalität gesehen wird, somit soll folgende Übung auch helfen, die Lebenskraft und das Selbstvertrauen zu steigern:

- Lege dich entspannt mit angezogenen Knien auf den Boden.
- Die linke Handfläche liegt über dem Brustbein, die rechte Handfläche liegt unter dem Nabel.
- Schließe die Augen und atme ein paarmal entspannt ein und aus.
- Kreise nun mit der rechten Hand langsam im Uhrzeigersinn auf dem Magen und lege dann die Hand wieder unter den Nabel.
- Atme tief ein, lasse die Handflächen ruhig liegen und spüre deinen Empfindungen nach.

- Lege dann die linke Hand an die Stelle der rechten und wiederhole die Übung, um die Energie vom Bauch zum Herz und zurück zu lenken. Spüre nach.

Lomi Lomi Nui:

Lomi Lomi Nui ist eine ganzheitliche Massageform, die aus Hawaii stammt, bei der Körper, Geist und Seele behandelt werden.

Durch abwechselnd weiche und energische schnelle Streichungen, vorwiegend mit den Unterarmen, (unter Verwendung hochwertiger, duftender Massageöle) und leise hawaiianische Musik im Hintergrund kann man in einen tiefen Entspannungszustand kommen.

Heilenergien, die dabei über die Hände in den Körper fließen, helfen auf sanfte Art, Energieblockaden auf körperlicher und seelischer Ebene zu lösen, um so die Harmonie wiederherzustellen.

Die Lomi Lomi Nui-Massage wird auch von den 7 hawaiianischen Grundprinzipien der Schamanen getragen. Laut den schamanischen Grundprinzipien von Huna erschaffen wir selbst unsere persönlichen Erfahrungen der Realität, wie unsere Glaubenssätze, unsere Handlungen, Interpretationen, Reaktionen und Gefühle.

Die 7 Prinzipien sind:

- IKE (Bewusstsein) - Die Welt ist, wofür du sie hältst.
- KALA (Freiheit) - Es gibt keine Grenzen.
- MAKIA (Fokus) - Energie folgt der Aufmerksamkeit.
- MANAWA (Jetzt) - Jetzt ist der Augenblick der Macht. Es gibt nur Jetzt.
- ALOHA (Liebe) - Lieben bedeutet, glücklich sein mit...
- MANA (Macht) - Alle Macht kommt von innen. Äußerer Einfluss ist Einbildung.
- PONO (Flexibilität) - Wirksamkeit ist das Maß der Wahrheit.

Ablauf der Behandlung:

Zu hawaiianischen Klängen im Hintergrund wird zunächst die gesamte Körperrückseite, lt. Sichtweise der Hawaiianer ist das der Ort der Vergangenheit, mit viel Öl massiert. Anschließend wird die Massage an der Körpervorderseite durchgeführt. Je Körperhälfte dauert die Behandlung ca. 25 Minuten.

Thai-Massage:

Nuad Phaen Boran, die „heilsame Berührung" in Thailand genannt, dort wird diese Form der Thai-

Massage zu allen möglichen Gelegenheiten praktiziert und ist auch fester Bestandteil der Kranken-
pflege im medizinischen Bereich. Ich habe bei
einem Aufenthalt in Thailand verschiedene Formen
der Massagen ausprobiert und kann die entspannenden und Verspannungen lösenden Wirkungen
bestätigen.

Das Fundament der traditionellen Thai-Massage
bilden die so genannten Marmapunkte. Das sind
bestimmte Körperregionen, die durch Druckmassagen, aber auch durch Dehnung bestimmter
Körperteile die Blutzirkulation und damit die
Sauerstoffzufuhr verbessern. Durch die Sauerstoffzufuhr entspannt sich die Muskulatur. In-
tensive Druckmassagen verbessern nachhaltig die
Atmung und steuern ihren Teil zur Versorgung des
Körpers und der Muskulatur bei.

Durch verschiedene Yogapositionen, die der Patient
während der Behandlung einnimmt, wird die
Regeneration der unterschiedlichen Körperregionen
angeregt. Die Stimulation der Marmapunkte geht
einher mit der Lehre von Energielinien, die den
gesamten Körper durchziehen.

Während streichende, kreisende und knetende
Handbewegungen auf der Haut die klassische
Massage kennzeichnen, wurzelt die Thai-Massage
in der Tradition von Yoga und Akupressur. Bei der
Thai-Massage arbeitet man mit einer Vielzahl von

Bewegungselementen und mit über 130 unterschiedlichen Bewegungsabläufen.

Der Masseur dehnt den Klienten behutsam in diese bestimmten Yoga-Stellungen, mit dem Ziel, innere Organe zu stimulieren. Alle Gelenke werden über passive Bewegung mobilisiert, Streck- und Dehnbewegungen verbessern die Beweglichkeit von Sehnen und Muskeln und sind gegen Verspannungen im Rücken- und Nackenbereich hervorragend geeignet.

Soll die Thai-Massage den Körper wirksam lockern und strecken, löst das nicht selten gewisse Schmerzen aus. Nicht immer entfaltet eine Thai-Massage ihre belebende und wohltuende Wirkung. Zwar sind Thai-Massagen bei professioneller und korrekter Ausführung von einem ausgebildeten Therapeuten ohne Gefahr und nachhaltige Nebenwirkungen, sollten aber bei Beschwerden, wie Rheuma, Arthritis, Herz- und Kreislauferkrankungen sowie Gelenk- und Knochenverletzungen eingeschränkt werden bzw. nicht durchgeführt werden.

Thai-Ölmassage:

Eine Abwandlung der Nuad-Thai mit weniger Ganzkörperdehnungen ist die Thai-Ölmassage, sie zeichnet sich durch eine Stimulierung mit knetenden und drückenden Bewegungen aus, die den Körper leicht dehnen.

Durch die Verwendung von Massageöl hat die Massage allerdings auch einen entspannenden Charakter mit nicht ganz so intensiven Dehnungen wie bei der klassischen Thai-Massage.

Klangschalenmassage:

Bei einer Klangmassage werden eine oder mehrere Klangschalen auf den bekleideten Körper aufgesetzt oder direkt über den Körper gehalten und angeschlagen.

Dabei entstehen Klänge und Vibrationen, die vom Körper aufgenommen werden. Der Ton überträgt sich auf die Zellen des Körpers, versetzt sie in Schwingung und Bewegung und holt sie damit aus einem energiearmen, erstarrten oder blockierten Zustand. Körper, Geist und Seele kommen wieder in Fluss, ein Entspannen und Loslassen von Alltagsstress wird möglich.

Der obertonreiche Klang löst Spannungen und mobilisiert die Selbstheilungskräfte. Durch die weichen Vibrationen der Klangschwingungen werden alle Gelenke und Muskeln erreicht.

Die Klänge lassen uns in eine tiefe Entspannung gleiten, in der sich Regeneration, die Lösung von

Blockaden und die Aktivierung der Selbstheilungskräfte einstellen können.

Fußreflexzonenmassage:

Die Fußreflexzonenmassage dient vor allem der Gesundheitsvorsorge, indem sie den Energiefluss im Körper ausgleicht und verbessert. Diese Massage wirkt aber nicht nur vorbeugend, sondern kann auch bereits bestehende körperliche Beschwerden lindern. Sie eignet sich aber auch besonders zur Behandlung von seelischen Störungen, wie geistige Überforderung, Energiemangel, nervliche Anspannung, Schlafstörungen, Ängste und depressive Verstimmungen.

Bei solchen Problemen ist es sinnvoll, die Zonen von Solarplexus, Zwerchfell und Wirbelsäule zu massieren, da diese mit dem vegetativen Nervensystem zusammenhängen. Die Zonen Hypophyse/Hypothalamus an der Unterseite der großen Zehen sowie die Bereiche der Nebennieren werden bei allen belastenden Situationen, die durch Stress ausgelöst wurden, behandelt.

Die Massage wird mit vier Grundgriffen und einigen Spezialgriffen durchgeführt. Man unterscheidet zwischen einer aktivierenden, stabilisierenden und beruhigenden Technik.

Bei ausreichender Beweglichkeit eignet sich die Fußreflexzonenmassage auch zur Eigenbehandlung, ansonsten kann man sich von einem erfahrenen Therapeuten massieren lassen.

Reflexzonen befinden sich aber auch an unseren Händen und Ohren. Während die Behandlung an den Füßen durch den Bezug zu den Organen mehr auf der Körperebene wirkt, unterstützt hingegen die Massage der Ohren eher das seelische und geistige Wohlbefinden.

SPIRITUELLE RETREATS MIT ANLEITUNG

Eine liebe Bekannte hat mir über Ihre Erfahrungen bei einem 10-tägigen Schweigeretreat berichtet. Ich möchte auch diese Erfahrungen in unsere Zusammenfassung aufnehmen.

Bei ihrem Schweigeretreat haben die Teilnehmer auf das Sprechen miteinander fast durchgängig verzichtet. Nur mit dem Leiter des Workshops gab es zwischendurch einen Austausch, den jeder Teilnehmer in Einzelsitzungen durchführen konnte.

Das Schweigen ist dafür gut, um ohne Ablenkung die inneren Prozesse besser wahrnehmen zu können. Insgesamt wurde bei diesem Retreat am Tag fünfmal jeweils eine halbe bis dreiviertel Stunde meditiert.

Klöster bieten viele verschiedene Möglichkeiten für diese Art von Rückzug und Kontemplation an, z.B. in Kombination mit Yoga und Qigong.

Interview Evi F. zum Thema Schweigeretreat:

„Meditation ist natürlich auf alle Fälle hilfreich, wieder in seine Mitte zu kommen, sich zu spüren, man wird fokussierter, zielgerichteter und hat mehr Gelassenheit, weil man für sich Wichtiges, Wertvolles besser von Unwichtigem, Oberflächlichem unterscheidet. Es ist diese Distanz, die man für kurze Zeit vom Alltag und wieder vom ewigen „blabla" im Kopf einnimmt.

Schweigen und Meditieren im Retreat – da bin ich mir nicht ganz sicher, ob das für jeden geeignet ist. Ich glaube, man sollte sich schon von Spirituellem, Religiösem angezogen fühlen. Denn man braucht schon eine gewisse Motivation, um sich auf diese Herausforderung einzulassen. Ich und auch andere hatten da schon schmerzende Beine und allerlei Verspannungen uvm. und die Sitzungen erschienen mir besonders anfangs unendlich lang.

Aber auch der Körper wird miteinbezogen und geachtet mit Yoga-Übungen und gesunder Ernährung. Sehr schätzen lernte ich das meditative Gehen – vereinigt Konzentration mit sehr langsamer Bewegung – es ist für mich mit Achtsamkeit gleichzusetzen.

Schweigen in der Gruppe war für mich eine Wohltat – bei mir bleiben, keine Zuständigkeit für den anderen haben.

Ich zehre immer noch von diesem Retreat. Meine Motivation für diesen Weg ist seitdem sicher größer. Viele hilfreiche Bilder und Worte von den Unterweisungen stehen mir zur Verfügung. Ich fühle mich gefestigter, aufgehobener und mir scheint, ich beobachte mein Denken und Tun stärker, aber verzeihend und oft mit Humor."

GLÜCKS-/DANKBARKEITSTAGEBUCH SCHREIBEN

Beim Glückstagebuch geht es darum, den Fokus auf die positiven Aspekte des Tages zu lenken.

Du kannst dir dafür ein kleines Buch zulegen, in das du jeden Tag am Abend die Frage stellst: Was ist gut in meinem Leben? Worüber habe ich mich heute gefreut? Versuche dafür 3 Dinge aufzuschreiben, die gut an diesem Tag waren. Du kannst aber auch die Dinge aufschreiben, für die du dankbar bist und es dein „Dankbarkeitsbuch" nennen.

Je mehr du dich mit positiven Dingen beschäftigst, umso mehr positive Dinge werden dir mit der Zeit auffallen. Versuche für 3 Wochen jeden Tag 3 Dinge zu finden, die gut sind. Dein Fokus kann sich dadurch verändern und du ziehst mehr positive Dinge in dein Leben, weil du aufmerksamer dafür geworden bist. Die einzige Regel ist, es muss alles positiv sein, was du dir aufschreibst.

Forschungen belegen auch, dass das Gehirn vorwiegend auf emotionale Bilder reagiert. Bilder werden als glaubwürdig empfunden, weil sie die Wirklichkeit abbilden. Deshalb ist es gut, Bilder in sein Glückstagebuch oder Dankbarkeitstagebuch zu kleben. Sie wirken als positiver Verstärker.

Wenn dir mal weniger einfällt, dann schreibst du nur eine Sache auf. An manchen anderen Tagen sind es vielleicht dafür 10 positive Dinge, die dir einfallen. Du kannst die positiven Gefühle durch deine Aufmerksamkeit und durch dein Bewusstsein dafür dir leicht wieder ins Gedächtnis rufen, wenn du in deinem persönlichen Glücks-/Dankbarkeits-tagebuch liest.

Natürlich kann es auch Tage geben, wo vielleicht alles richtig daneben geht und an denen du es weniger schaffst, in dein Buch zu schreiben. Diese Tage eignen sich dann, im Buch zu blättern, zu lesen, innezuhalten und sich mit den positiv erlebten Dingen zu stärken.

HUMOR, GUTE FREUNDE UND DIE BE-REITSCHAFT ZUR SELBSTREFLEXION

Das um und auf im Leben und was uns Menschen zu sozialen Wesen macht, ist es, mit anderen zu kommunizieren.

Es ist oft ein Spiegel unserer selbst, der uns dann vorgehalten wird. Sehr oft tut es jedoch gut, eine Außensicht zu erfahren, sich auszutauschen und vor allem Spass zu haben und miteinander zu lachen. Wir schütten Glückshormone aus, fühlen uns verstanden und das Leben erscheint viel leichter mit guten Freunden an unserer Seite.

Bei Alltagsproblemen kann es immer wieder vorkommen, dass man vor lauter Bäumen den Wald nicht mehr sieht. Das ist natürlich, wenn man immer nur mit den gleichen Menschen in seinem Umfeld zusammen ist. Offen zu sein und zu bleiben und sich nicht in das Labyrinth des Egos, in welchem immer nur die eigene Sicht wiederholt wird, zu verirren, ist die Kunst.

Umso wichtiger ist es dann, bei manchen Problemen auch einmal eine andere Sichtweise zuzulassen. Das vertraute Gespräch mit einem deiner Freunde kann dich vor Ärger schützen, weil du manche Dinge plötzlich aus einem ganz anderen

Blickwinkel betrachten kannst, der dir ansonsten verborgen geblieben wäre.

Natürlich bedarf es dafür eben auch immer deiner Offenheit für andere Blickwinkel, Blickwinkel von Menschen, die dich gerne haben.

Die Bereitschaft, über dich selbst zu reflektieren, ist ebenso ein wichtiger Punkt im Miteinander von Menschen. Selbstreflektierte Menschen hinterfragen sich und ihr Handeln, z.B. wenn es rückblickend um eine Konfliktsituation geht. Selbstreflexion bedeutet, du fragst dich zuerst, warum du in einer schwierigen Situation so gehandelt hast, und danach stellst du dich als selbstreflektierter Mensch der Frage, wie du auf andere in dieser Situation gewirkt hast und was sie dabei gefühlt haben.

Mit Hilfe der Selbstreflexion kannst du leichter deinen Zielen näher kommen und eine Analyse deines Lebens durchführen. Sie kann dir dabei helfen, deine Träume und Ziele im Auge zu behalten und den „Kurs" nicht zu verlieren.

Du kannst dir folgende Fragen stellen:
- Was habe ich in der letzten Woche Neues gelernt? Nimm dir vor, in der nächsten Woche mindestens eine neue Sache zu lernen. Das kann ganz was einfaches sein, wie ein neues Kochrezept oder eine Zeile eines Gedichtes.

- Was war der schönste Moment in der letzten Woche?
- Welches Ziel habe ich vor, in der kommenden Woche zu realisieren?
- Welche Probleme der vergangenen Wochen könnten in der kommenden Woche wieder auftauchen?
- Wie kann ich mir die folgende Woche stressfreier gestalten?
- Was kannst du tun für deinen Ausgleich?
- Wie kannst du dir den Rücken freihalten von Dingen, die dir unnötig Zeit kosten?
- Welche 3 Ziele habe ich vor, in diesem Jahr zu erreichen?
- Bin ich in letzter Zeit meinen Zielen nähergekommen?
- Was könnte ich tun, um meinen Zielen näherzukommen?
- Auf was freue ich mich in der nächsten Woche am meisten?
- Welche Ängste habe ich vor der kommenden Woche? Indem du dir deine Ängste bewusst machst, kannst du dich ihnen stellen und Gegenmaßnahmen entwickeln.
- Wofür in meinem Leben bin ich dankbar? Ein ganz wichtiger Punkt, werde dir bewusst, wofür du dankbar sein darfst und was gut ist in deinem Leben. Diesen Punkt habe ich auch bereits im vorhergegangenen

Abschnitt „Glücks- und Dankbarkeitstagebuch schreiben" erwähnt.

Ich habe es selbst ausprobiert und längere Zeit aufgeschrieben, wofür ich alles dankbar sein darf, es tut einem wirklich gut, sich auf die positiven Dinge zu konzentrieren und man wertschätzt dadurch viele Kleinigkeiten wieder, die man sonst als selbstverständlich erachten würde.

ENTSCHLEUNIGEN UND BEWUSST LANGSAM WERDEN

Manchmal kommt es uns so vor, als ob sich die Welt immer schneller dreht und wir drehen uns auch immer schneller mit ihr mit.

Gut tut es einmal, bewusst aus dem Getriebe auszusteigen und ganz langsam zu werden.

Wie schon die Buddhistischen Weisen sagten: „Wenn du es eilig hast, dann gehe langsam".

Immer ist das natürlich nicht möglich, aber zwischendurch bringt es dich sicher zu mehr Gelassenheit, wenn du das Gewimmel z.B. in einer Fußgängerzone oder in den öffentlichen Verkehrsmitteln beobachtest und aussteigst, dein Tempo sozusagen halbierst.

Das bewusste Innehalten bringt dich sicher zu mehr Achtsamkeit und macht dich ruhiger.

Und wieder einmal ist es der Atem, der dir hilft, zu entschleunigen. Eine ganz einfache Atem-/Entschleunigungsübung:

- Atme tief ein und atme ruhig aus. Zähle innerlich langsam bis 10.
- Lass dir Zeit und konzentriere dich auf deinen Atem und wiederhole die Übung 10-20 Mal.

- Setze dich mal bewusst auf eine Bank und betrachte ruhig das Getümmel um dich. Das kann dir helfen, achtsamer und innerlich wie äußerlich langsamer zu werden.

TIPPS FÜR MEHR BEWUSSTHEIT, KREATIVITÄT UND WOHLBEFINDEN

- Steige mehrere Male bewusst aus dem Alltag aus und öffne die Augen, sieh dich um und atme ganz tief.
- Beginne Gespräche mit Fremden.
- Beruhige deinen Geist mit etwas für dich Wohltuendem, wie z.B. mit Sport, Yoga, Meditation...
- Sage den Menschen, die du liebst, wie sehr du sie schätzt.
- Verzeihe dir selbst oder jemandem anderen.
- Mache eine Collage mit für dich positiven Bildern und sieh sie dir einmal am Tag an.
- Wenn du an etwas zweifelst, frage dich, was dein Herz bzw. dein Bauch dazu sagt.
- Schreibe einer Person, die du sehr gerne hast, einen Brief.
- Geh raus in die Natur und erlebe einen langen Spaziergang.
- Mache jemandem ein Geschenk. Sei großherzig und hänge es nicht auf die große Glocke.
- Mache die Musik an und tanze in deiner Wohnung herum.

AUF DIE EIGENE INTUITION HÖREN, DIE EIGENE INTUITION TRAINIEREN

Übernommene Wahrheiten von anderen Personen nehmen uns viel von unserer Eigenkompetenz und können uns auch verunsichern und ins Grübeln bringen. Uns müssen unsere Konflikte selbst bewusst werden, sonst können uns noch so viele Menschen sagen, was es ihrer Meinung nach auf sich hat und es wird nichts bewirken.

Intuitive Menschen achten auf die Reaktionen ihres Körpers. Das Bauchgefühl wird nicht umsonst so genannt und ist sozusagen unser 2. Gehirn.

Menschen in positiver, ruhiger Grundstimmung sind viel eher in der Lage, Intuitionen wahrzunehmen.

Nachstehend ein paar Tipps, um die eigene Intuition stärker wahrzunehmen. Fange an, deine Intuition bei Kleinigkeiten zu befragen, z.B. Was soll ich heute essen? Welches Geschenk passt für einen mir lieben Menschen? Lasse dich dabei von deinem Bauchgefühl führen.

Schärfe deine Intuition, indem du sie häufig zu Rate ziehst.
Unzufriedenheit und Trauer im Leben kommen daher, weil wir versuchen, ein Leben zu führen, das unsere Umwelt glücklich macht. In Wahrheit

können wir andere nur dann glücklich machen, wenn wir selbst glücklich und zufrieden sind.

Es ist auch nicht unsere Bestimmung auf dieser Welt, die Erwartungen von anderen zu erfüllen, wenn es uns unglücklich macht.

Auch wenn du vielleicht noch nicht weißt, was genau deine "Bestimmung" ist, unglücklich zu sein, nur damit andere damit zufrieden sind, weil ihre Bedürfnisse befriedigt werden, ist jedenfalls ein sehr schlechter und auf Dauer sogar schädlicher Zustand.

Je mehr du mit deiner Intuition arbeitest, desto sicherer wirst du in deinen Entscheidungen. Du wirst merken, dass du niemanden mehr um Rat fragen musst, um dein Leben voll und ganz zu leben. Du wirst auch schnell merken, wie gut es sich anfühlt, wenn du auf dein inneres Wissen vertraust:

- Bei der Partnerwahl
- Bei der Wahl deiner Freunde – wer macht dich wirklich glücklich und bei wem fühlst du dich nach einem langen Gespräch gestärkt anstatt ausgelaugt?
- Bei den täglichen, kleinen Entscheidungen des Lebens
- Bei allen Entscheidungen, wie z.B. im Beruf, bei der Wahl eines Wohnsitzes

Vertraue auf dein Bauchgefühl und lasse dir damit Zeit. Übe es immer wieder und belohne dich dafür, wenn du wahrnimmst, dass deine Bauchentscheidung die richtige war.

Versuche, das Bauchgefühl nicht mit Ängsten, Vorurteilen oder Wunschdenken zu verwechseln.

Höre in dich hinein und achte bewusst darauf, wann sich in welchen Situationen die innere Stimme meldet. Oft merkt man erst später, dass man die richtige Ahnung hatte.

WAHRNEHMUNG

Unser Wissenspool und damit auch unsere Intuitionen speichern sich aus verschiedenen Sinneseindrücken, wenn wir achtsamer sind und bewusster wahrnehmen, stärken wir damit ebenso unsere Intuitionen.

Übungen zur bewussteren Wahrnehmung:

Sehen: Nimm deine Umgebung heute einmal ganz bewusst wahr. Schaue sie dir ganz genau an. Was siehst du, wenn du deine Haustür verlässt? Wie sehen die Bäume, die Pflanzen, die Blumen in deiner Straße aus? Welche Details an den Häusern hast du bisher noch nicht bemerkt? Welche Farben fallen dir heute besonders auf?

Hören: Wenn du heute deine Kaffeemaschine anmachst, wie hört sich das an? Kannst du die Vögel am Morgen hören? Wenn du mit öffentlichen Verkehrsmitteln fährst, welche verschiedenen Sprachen sprechen die Menschen, mit denen du dort sitzt? Hör einmal ganz bewusst ein Lied im Radio an – wie klingt es genau? Welche Instrumente werden gespielt? Kannst du den Wind in den Bäumen rauschen hören? Wie hört sich der Bach an?

Tasten: Wie fühlt es sich an, wenn du morgens

über deine Decke streichst? Wie fühlt sich das Badetuch nach dem Duschen auf deiner Haut an? Kannst du die Sonne im Gesicht fühlen? Was spürst du, wenn du die Rinde eines Baumes berührst? Wie fühlt es sich an, auf Asphalt zu laufen? Kannst du den Regen auf der Haut spüren? Wie fühlt es sich an, wenn du dich eincremst?

Schmecken: Trinke deinen Kaffee langsam und bewusst – wie schmeckt er genau? Welche Gewürze kannst du beim Mittagessen herausschmecken? Esse eine Frucht oder ein Gemüse, das du noch nicht kennst – wie schmeckt sie/es?

Riechen: Wie riecht die Luft, wenn du am Morgen rausgehst? Wenn du Tee trinkst, rieche ihn vorher? Bevor du dein Essen in den Mund nimmst, rieche erst einmal daran – kannst du die verschiedenen Gewürze riechen?

Nimm dir Ruhe für diese Übungen. Vielleicht fallen sie dir nicht an jedem Tag gleich leicht. Das ist normal, denn gewöhnlich nutzen wir einen oder zwei Sinne stärker als die anderen.

Durch das bewusste Aktivieren und Nutzen aller Sinne – auch der sonst eher vernachlässigten – ergeben sich für dich neue, andere Perspektiven und eine Fülle von Informationen.

Es gibt eine einfache Atemübung, die – regelmäßig ausgeführt – dir helfen kann, deine Intuition zu stärken:

- Einatmen und dir innerlich sagen: Ich bin ganz im Jetzt.
- Ausatmen und dir dabei sagen: Ich nehme wahr und lasse alles los, was mich ablenkt.
- Mache diese Übung 2-3 Minuten lang.

Stärke deine Intuition statt deiner Angst. Nutze die Phantasie, um die Verbindung zu dir zu unterstützen und wiederherzustellen, indem du kreativ wirst. Nutze deine Sinne, höre mit geschlossenen Augen, male etwas, tanze, fühle. Und du wirst sehen, du wirst dein Bauchgefühl wieder viel besser wahrnehmen können.

DIE SEELE STÄRKEN

Ein weiterer effektiver Weg, um die eigene Kraft und Seele zu stärken, ist, sich davon leiten zu lassen, was uns gut fühlen lässt. Es klingt fast zu einfach, aber die Seele tritt mit uns in Verbindung, indem sie Emotionen hervorruft - positive oder negative.

Solange wir uns auf dem richtigen Weg befinden, sind wir glücklich und zufrieden. Wenn wir aber nicht dem folgen, was unsere Seele für gut befindet, wird das Leben anstrengend, verwirrend, chaotisch und fühlt sich nicht mehr wirklich gut an.

Lasse dich von der Liebe und vom Verzeihen leiten. Beides befreit unseren Geist und unsere Seele von Schmerz und von Vergangenem. Diese Energie wirkt sich dann auch positiv - bewusst oder unbewusst - auf andere Menschen aus. Durch die Liebe und die Vergebung kommen wir der Heilung von Körper, Geist und Seele näher.

ACHTSAMKEIT TRAINIEREN

Achtsamkeit bedeutet, eine offene, nicht wertende Haltung einzunehmen gegenüber allem, was ist, was man im Augenblick wahrnimmt.

In den USA wurde von Prof. Kabat-Zinn ein MBSR-Achtsamkeitstraining entwickelt. Dieses 8-wöchige Programm wird weltweit in Kliniken, ambulant und stationär, aber auch in Kursen angewandt. Bei diesem Verfahren wird ein klares, nicht wertendes Wahrnehmen dessen, was ist, geschult. MBSR wird zum Stressabbau und zur Burnoutprävention eingesetzt und kann dabei helfen, die eigenen Automatismen zu erkennen. Ziel ist es, im Hier und Jetzt zu bleiben und wahrzunehmen, was man gerade erlebt, was man denkt und fühlt, was man spürt und was man braucht.

Für Menschen, die sich erschöpft fühlen und sich subjektiv in einer persönlichen Krise befinden, ist es entscheidend, zu üben, mit den Gedanken in der Gegenwart zu bleiben, da sonst die Gedanken sich nur noch um Katastrophenphantasien und Probleme kreisen.

Unterscheide zwischen dir selbst und deinen Gedanken. Nehme sie wahr. Dann kannst du dich leichter von dem Ballast trennen, den deine Gedanken oft mit sich bringen. Von negativen Energien und Gefühlen, wie Ärger oder Scham, die mit Gedanken an ein Ereignis zusammenhängen.

Eine Übung aus der Psycho-Kinesiologie: Man reibt mit der rechten Hand, genauer dem rechten Zeige- und Mittelfinger links über der Herzgegend den Punkt, dort wo man eine Anstecknadel anbringen würde. Man sagt am besten laut: „Auch wenn ich gerade unruhig, krank, schwach, mutlos, ängstlich bin, bin ich gut so, wie ich bin."

Die Methode erinnert an die Einstimmungssequenz bei der EFT-Technik, deren Wirkungsweise bereits beschrieben wurde.

Achtsamkeit im Alltag trainieren:

Wenn du zu Fuß unterwegs bist, kannst du deine Achtsamkeit trainieren, indem du das Handy ausschaltest und bewusst wahrnimmst, wie du gehst, wie deine Füße den Boden berühren. Achte auf deinen Atem und auf deine Bewegungen. Auch in der Arbeit solltest du dir Augenblicke nehmen, um die Empfindungen wahrzunehmen. Bei Verspannungen atme in diesen Bereich, nach einer Weile wird er sich anders anfühlen.

In der Mittagspause gehe in die frische Luft und lasse den Job hinter dir. Klingelt das Telefon, spüre deinen Atem, bevor du das Gespräch annimmst. Nach der Arbeit am Abend lasse den Tag Revue passieren und mache eine Liste im Kopf mit Dingen, die du an diesem Tag gut gemacht hast.

Mit Achtsamkeitsübungen verhinderst du, dass du dich zu viel mit Vergangenem oder Zukünftigem beschäftigst, du konzentrierst dich dabei auf die Gegenwart.

4. Kapitel: Prävention und Arbeitsplatz

W ie gesagt, es gibt viele Wege, Erschöpfungszuständen, noch bevor eine Burnout-Diagnose vorliegt, entgegen zu wirken. Nicht jede Form von Überlastung ist ein Burnout.

Aktuelle Forschungen gehen auch davon aus, dass rund 60% der Fehltage in einem Unternehmen in Zusammenhang mit chronischen Stressbelastungen stehen. Besonders betroffen von Burnout sind Frauen zwischen dem 40. und 60. Lebensjahr und doppelt so häufig wie Männer.

Wenn man auf seine Ressourcen achtet und seine Energiespeicher füllt, wird man sich zufriedener fühlen und kann dadurch einem drohenden Burnout im Vorfeld bereits vorbeugen.

Prävention beginnt auch mit der Suche und der Wahl des Arbeitsplatzes.

Es ist schon klar, nicht jeder/jede kann bei der Jobwahl wählerisch sein, aber die Anforderungsprofile weisen bereits auf vermehrten Einsatz hin. So wie z.B. „besonders flexibel" in einer Jobausschreibung bedeuten kann, hier werden klare Entscheidungen oft vermieden, der Rahmen wird gedehnt.

„Hoch belastbar" bedeutet, dass auf die persönlichen Grenzen keine Rücksicht genommen wird. „Sehr hohes Engagement" weist auf erhöhten Einsatz und Kampfgeist hin und es wird auf jeden Fall vorausgesetzt, persönliche Interessen immer hinten anzustellen.

„Leistungsorientiert" und „hohe zeitliche Verfügbarkeit" bedeutet Orientierung des Selbstwertes über Leistung und Geld, die Arbeitszeiten gehen über das übliche Maß hinaus.

Gut ist es, sich im Vorfeld dieser Anforderungen zumindest bewusst zu sein und die eigene Rolle auch abseits der Arbeitswelt zu definieren. Was kann man gut, wo möchte man sich verändern, welche Rolle möchte man nicht mehr spielen.

Wenn man mit Liebe, Freude und Begeisterung arbeitet, kann man durch den Beruf nicht krank werden. Wenn man für etwas „brennt" und „Feuer und Flamme" ist, kann man auch nicht „ausbrennen" bzw. „ausgebrannt sein". Deshalb wäre es bei einem Burnout wichtig, in allen Lebensbereichen Tätigkeiten zu suchen und auszuüben, die der eigenen Persönlichkeit entsprechen, um das innere Feuer wieder zu entfachen (vom Burnout zum Burnon).

Ein weiterer entscheidender Schritt zur Veränderung ist die Erkenntnis, dass Machtstreben, Ehrgeiz und Perfektionismus uns zu Dauerleistungen antreiben. Diese Eigenschaften sind die Feinde der Entspannung.

Am Arbeitsplatz kann aber auch das Gegenteil von Überforderung eintreten – Routine, Langeweile, Unterforderung und Unzufriedenheit. Dieser Zustand wird Boreout genannt. Die Betroffenen sind frustriert, weil ihnen die Herausforderung fehlt. Sie wünschen sich Wertschätzung und Anerkennung, die sie aber nicht bekommen. Häufig sind sie im Vergleich zu ihrer Tätigkeit zu hoch qualifiziert und sie können ihr Wissen gar nicht anwenden.

Schlusswort:

Der Stresspegel, der Druck und die Reizüberflutung haben in den letzten Jahrzehnten drastisch zugenommen. Sie fordern ihre Tribute. Auf viele Menschen wirken sich permanente Stresssymptome, Erschöpfungszustände, Überforderung und Schlafprobleme auf Dauer in Form eines Burnouts aus.

Man fühlt sich dem Druck nicht mehr gewachsen und ist nicht mehr in der Lage, den beruflichen und in weiterer Folge auch den privaten Alltag zu meistern. Die Forschungsergebnisse zu Burnout, in denen sich die Experten einig sind, ergeben eindeutige Hinweise auf den Anstieg der Anforderungen in allen Lebensbereichen.

Diese Zunahme von Burnout-Erkrankungen macht auch ein Umdenken in den Unternehmen erforderlich. Es lohnt sich, aufmerksam zu sein und Risikobereiche und Strukturen zu erkennen, die Burnout begünstigen.

Der Umstand, dass Arbeitsplätze nach Pensionierungen oder Kündigungen aus Sparmaßnahmen oft nicht mehr nachbesetzt werden, führt dazu, dass das gleiche Arbeitspensum von immer weniger Mitarbeitern erledigt werden muss. Dadurch entsteht ein ständiger Zeitdruck und dieser gilt lt. einer Umfrage als einer der häufigsten Auslöser für Stress.

Auch wenn die explodierenden Kosten und die harten Wettbewerbsbedingungen die Unternehmen immer mehr fordern, ist ein wertschätzender Umgang mit den Mitarbeitern unbedingt notwendig. Maßnahmen zur betrieblichen Gesundheitsförderung können die psychische Belastung der Mitarbeiter reduzieren.

Wir möchten mit diesem Buch die Aufmerksamkeit für die eigenen Bedürfnisse schärfen und dazu ermutigen, auf Vorboten der Erschöpfung zu achten, sich öfters Auszeiten zu nehmen und damit der Überforderung bewusst entgegen zu steuern.

Möglicherweise kann unser Buch inspirieren, einen guten Ausgleich zu finden, um sich mit positiver Energie zu füllen und eine Resilienz gegenüber den Ansprüchen und Anforderungen der Arbeitswelt und den Stressoren der heutigen Zeit zu entwickeln.

Wir haben unsere eigenen und die Erfahrungen in unserem Umfeld in diesem Buch zusammengefasst. Unser Buch erhebt in keiner Weise den Anspruch auf Vollständigkeit, es gibt sicherlich noch viele andere Wege.

Herzlich bedanken möchten wir uns für die Interviews bei Gabi, Heidelinde und Evi.

Über die Autorinnen:

Monika Höller lebt in der Obersteiermark (Österreich). Sie beschäftigt sich seit 1995 aufgrund einer eigenen Erkrankung mit verschiedenen alternativen Heilmethoden. Im Jahr 2002 hat sie die Ausbildung zur dipl. Gesundheits- und Ernährungsberaterin abgeschlossen. Durch laufende Schulungen in den Bereichen Ernährung, Mikronährstoffe und Mykotherapie erweitert die Autorin ständig ihr ganzheitliches Wissen.

Webseite: www. energie-nahrung.at

Petra Wagner hat zahlreiche Seminare und Kurse über Körperarbeit besucht. Sie praktiziert viele der beschriebenen Methoden selbst. Zusätzliche Erfahrungen über Yoga und traditionelle Massagen hat die Autorin bei ihren Auslandsaufenthalten in Indien und Thailand gesammelt. Sie lebt in Graz.